Berit Waal ist Psychologin und arbeitet seit vielen Jahren für verschiedene skandinavische Zeitschriften als »Leserbrieftante«. Dabei vertritt sie oft sehr unorthodoxe Ansichten, wie wir sie eigentlich aus solchen Spalten gerade nicht gewöhnt sind.

Dieses Buch wurde auf chlor- und säurefreiem Papier gedruckt.

Vollständige Taschenbuchausgabe Juli 1992
Droemersche Verlagsanstalt Th. Knaur Nachf., München

Umschlaggestaltung Manfred Waller, Reinbek
Umschlagillustration Marie Marcks
Druck und Bindung Elsnerdruck, Berlin
Printed in Germany 5 4 3 2 1
ISBN 3-426-77028-8

Berit Waal

Wer sagt, daß wir perfekt sein müssen?

Abschied von der Über-Frau

Aus dem Norwegischen von Gabriele Haefs

Mit Zeichnungen von Eldbjørg Ribe

Knaur

Inhalt

1. Vorwort ... 7
2. Ich wäre so gern ich selber, aber... ... 11
3. Die Innenwelt von Frauen ... 15
4. Himmelhochjauchzend und zu Tode betrübt ... 22
5. Lassen Sie sich Zeit ... 26
6. Auf sämtlichen Hochzeiten! ... 30
7. Das Leben — eine Herausforderung ... 34
8. Verliebtheit ist schön — Liebe ist gefährlich? ... 39
9. Von der Katze lernen ... 44
10. Die Prinzessin, die nie aus ihrem Kleid herauswuchs 47
11. Marie putzt und putzt ... 52
12. Rennpferd Mette ... 55
13. Das Menschenrecht auf das eigene Leben ... 59
14. Das Leben auf dem Lande ... 63
15. Glauben Sie an Ihren Wert! ... 67
16. Warum kommen wir nicht durch? ... 71
17. Nehmen Sie den Kampf gegen die Selbstkritik auf, benutzen Sie diese Methode ... 75
18. Was können wir von den Frauen auf dem Fußballplatz lernen? ... 79
19. Ehre, wem Ehre gebührt ... 83
20. Es hat keinen Zweck, auf den Prinzen zu warten ... 86
21. Neugierig aufs Leben ... 90
22. Eine neue Frau werden ... 94
23. Verliebtheit — Flucht vor dem Leben? ... 97
24. Es ist nicht alle Tage Sonnenschein ... 100
25. Die »gefährlichen« Träume ... 103
26. Die Angst vor dem Erfolg ... 106
27. Frauen müssen das Neinsagen lernen ... 110
28. Das schwächste Glied in der Kette ... 114
29. Mutter und Tochter ... 118
30. Was habe ich dem Kind, das ich erwarte, zu bieten? 122
31. Gemeinschaft und Sinn des Lebens ... 125
32. Mein Mann unterstützt mich nie ... 129

33. Das menschliche Zusammenspiel 133
34. Wenn die Familie keine »Chefin« mehr braucht 137
35. Ich bin zu abhängig von meinem Mann 140
36. Abhängigkeit ist keine Liebe 143
37. Wenn der Alkohol versteckt wird 146
38. Muster aus der Vergangenheit 150
39. Bravsein ist so schön beruhigend 155
40. Wenn die Liebe stirbt 158
41. Er hat eine andere! 162
42. Ich sehne mich nach einem Mann 166
43. Die Frau meines Freundes läßt ihn nicht gehen 169
44. Frau — Löwin 172
45. Der Traum 176
46. Frauen greifen zu psychologischen und sexuellen Tricks 181
47. Wenn Sexualität zu Strafe oder Belohnung wird 184
48. Auch Frauen sehen Männer an 188
49. Wenn der Körper nicht mehr singt 191
50. Wenn der Körper um Hilfe bittet 195
51. Dornröschen in der Mietskaserne 199
52. Auch ein Umzug bringt Trauer mit sich 203
53. Ich freue mich wieder über das Leben 206
54. Im Ernstfall greifen Sie zu Spiel und Phantasie 210
55. Nachwort 213

1 Vorwort

Liebe Freundin!
Als ich diese Texte schrieb, habe ich meine eigenen Lebenserfahrungen, mein Wissen als Psychologin, Briefe meiner Leserinnen, Gespräche mit Freundinnen, Arbeitskolleginnen und Beschreibungen von Frauen durch Männer mit einbezogen. Frauenzeitschriften sind dabei auch in meinen Kochtopf geraten, bisweilen auch Zeitschriften für Männer wie *Playboy* usw. Und Literaturzeitschriften bringen mir ebenfalls neue Ideen, um mein Gericht zu würzen. Die vielen neuen Psychologiebücher für Frauen haben mir wichtige Anregungen gegeben, und schließlich habe ich mich von norwegischen und ausländischen Romanen und Gedichtsammlungen inspirieren lassen.

Am wichtigsten sind jedoch meine Gespräche mit Frauen und die Briefe der Leserinnen.

In den Kapiteln dieses Buches habe ich versucht, Einstiegsmöglichkeiten und Themen zu finden, die viele Frauen erreichen können, Bilder und Symbole, die es im Leben vieler Frauen gibt. Die *Auszüge* aus den Briefen sind echt, sind aber so überarbeitet worden, daß niemand die Absenderin erkennen kann. Hinter jedem Briefzitat stehen mehrere Briefe zum selben Thema.

Privat beantworte ich viele Briefe. Das kann manchmal lange dauern, aber alle bekommen Antwort. Dabei versuche ich, den menschlichen Kern der Schreiberin zu erreichen, dem Brief zu lauschen, bis ich seine Melodie erfaßt habe, und dann versuche ich, diese Melodie in meiner Antwort wiederzugeben. Ob mir das gelingt, weiß ich nicht, ich erhalte nur selten einen Antwortbrief.

Wenn Sie Briefe schreiben, haben Sie die Möglichkeit, Geheimnisse zu teilen, Probleme zu Papier zu bringen, um eine bessere Übersicht darüber zu gewinnen. Sie haben die Möglichkeit, Ihre innere Landschaft mit jemandem zu teilen. Daraus entwickelt sich oft Klarheit; eigene Gedanken und Ideen werden aus dem Wirrwarr von Gefühlen befreit, das wir »weibliche Depression«

nennen können. Damit meine ich das verfilzte Gewebe aus überstrenger Selbstkritik, zuviel Fürsorge für andere und zu wenig für das eigene Leben und die eigene Gesundheit. Viele Frauen haben zu wenig Zutrauen zu ihren Fähigkeiten und zu hohe Forderungen an ihre Leistungen. Es kommt zu Selbsthaß und Selbstverachtung, zu engen Bindungen an Partner oder Partnerin, an Kinder und Eltern. Nicht zuletzt kommt es zu dem Kampf, die Probleme zu verbergen und die Fassade zu halten.

Die erste, an die Sie Ihren Brief schreiben, sind Sie selber. Sie sind vielleicht die wichtigste Leserin Ihres Briefes. Durch den Brief haben Sie ein Bild Ihrer Lage oder Ihres speziellen Problems geschaffen. Vielleicht vermittelt Ihnen bereits dieses Bild die nötigen Antworten. Wenn Sie einen langen und offenherzigen Brief über sich selber schreiben, stehen Sie nicht länger an derselben Stelle im Leben. Sie haben Veränderungsarbeit geleistet. Also schreiben Sie Briefe! Nicht notwendigerweise an mich, die Psychologin, Sie können an eine Freundin schreiben, an ein Familienmitglied, an sich selber. Wer diesen Brief bekommt, darf ihn lesen und erhält das Geschenk, das ein Brief darstellt.

Wir Frauen stehen heute in mancher Hinsicht in zwei verschiedenen Welten, die uns vorkommen können wie zwei auseinandergleitende Eisschollen. Auf der einen Seite steht die alte Frauenwelt, stark geprägt von Fürsorge und Arbeit für die Nächststehenden, für Familie und Freundeskreis. Das Gewicht liegt auf dem alten Frauenhandwerk, im Mittelpunkt steht die Hausarbeit. Dann gibt es die andere Welt mit dem Arbeitsplatz draußen und seinen Anforderungen. Dort werden Engagement und Qualifikation verlangt, das Privatleben soll erst an zweiter Stelle kommen.

Auch Frauen, die es im Beruf so weit gebracht haben wie ich, kämpfen mit dem Leben in diesen beiden gegensätzlichen Welten. Wir alle leben unter dem Druck der Erwartungen der Menschen in unserer Nähe, unserer eigenen, der der Frauen der Vergangenheit, unserer Mütter und Ahninnen. Die von den Medien vermittelten Bilder machen das Leben nicht leichter.

Aber trotzdem haben wir das ein oder andere As im Ärmel und gute Karten in der Hand, über die wir uns freuen sollten. Männer sind oft sehr einsam und hilflos, wenn es zu einer Krise kommt. Die Frauen von heute können an einer offenherzigen Gemeinschaft von Frauen teilnehmen, es gibt eine Unzahl von Frauenorganisationen, bei denen sie Unterstützung finden können. Es gibt lehrreiche Literatur, und die meisten von uns haben auch Freundinnen, mit denen wir unsere Reise durch das Leben teilen. Vieles in unserem Leben kommt offener zur Sprache, läßt sich leichter mit anderen Frauen teilen; die Gespräche unter Frauen sind weitergekommen.

Aber wir müssen lernen, die Gemeinschaft der Frauen besser zu nutzen. Wir müssen solidarischer werden, müssen lernen, in den Organisationen, in der Politik und an den Arbeitsplätzen besser zusammenzuspielen. Es muß für Frauen erlaubt sein, das Gefieder zu sträuben und zu zeigen, was wir können, es muß erlaubt sein, Eigenarten und Kenntnisse zu zeigen. Zusammen sind wir stark.

Meine Spalte in der Illustrierten *Kvinner og Klær* hätte es niemals geben können, wenn es diese Gemeinschaft der Frauen nicht gäbe. Dort ist mein Zuhause, wenn ich schreibe, und dafür bin ich dankbar. Ich möchte mich auch bei der Redaktion von *Kvinner og Klær* bedanken, die mich zum Schreiben gebracht hat, was wirklich eine Herausforderung war. Wir hatten eine spannende Zusammenarbeit.

Berit Waal
Oslo

TUPPEN
+
LILLEMOR

2 Ich wäre so gern ich selber, aber...

Liebe Psychologin!
Ich bin eine Frau von 30 Jahren und fühle mich nervös und deprimiert. Habe zwei Kinder und einen netten Mann, habe aber trotzdem das Gefühl, nicht gut genug zu sein. Ich habe ein sehr schlechtes Bild von mir und fühle mich in vieler Hinsicht gehemmt. Wenn wir mit anderen zusammen sind, kann ich mich nicht natürlich benehmen, werde steif und komisch und habe das Gefühl, daß »alle« mich für dumm und minderwertig halten.

Ich brauche schrecklich viel Energie, um mir vorzustellen, wie ich auf die Leute wirke, und habe schreckliche Angst davor, nicht akzeptiert zu werden. Ich arbeite als Krankenschwester auf einer hektischen Station und meine Arbeit gefällt mir sehr. Ich komme mit meinen Kolleginnen und Kollegen gut zurecht. Aber ich denke die ganze Zeit, daß ich gewisse Grenzen nicht überschreiten darf, denn dann wird es mir übel ergehen...

»Nicht ausreichend«

Liebe »Nicht ausreichend«!
Von außen gesehen wirken Sie ziemlich erfolgreich. Sie haben eine Arbeit, die Ihnen gefällt, einen netten Mann und ein gutes Verhältnis zu Ihren Kindern.

Die Probleme entstehen in Ihrer Innenwelt.

Alle Menschen können sich von außen sehen und sich bis zu einem gewissen Grad eine Meinung darüber bilden, was andere Menschen über sie denken und meinen.

Meine Vorstellung davon, wie andere mich sehen, wird stark davon beeinflußt, wie ich mich selber sehe. Selbstsicherheit/Unsicherheit hängen auch damit zusammen, wie ich bisher die Reaktionen von anderen auf meine negative Person aufgefaßt habe.

Wenn ich sehr selbstkritisch bin, glaube ich, daß auch andere Menschen mir gegenüber kritisch sind. Ich beeinflusse mein Verhältnis zu anderen Menschen, ohne es zu wollen. Ich schnappe bei anderen kleine Anzeichen von Unzufriedenheit, Unbehagen oder Gereiztheit auf und glaube leicht, daß immer ich diejenige bin, bei der etwas nicht stimmt — daß es meine Schuld ist, wenn die anderen unzufrieden sind.

Aber natürlich stimmt das nicht. Es kann ganz andere Gründe dafür geben, wenn jemand sich auf bestimmte Weise beträgt: Die betreffende Person kann einen schlechten Tag haben, müde oder kaputtsein.

Andere Menschen beschäftigen sich weniger mit mir als ich glaube. Sie denken eher an ihre eigenen Fehler und Mängel, mühen sich mit ihrer Arbeit ab oder brüten über ihren Problemen.

Das ist mir zwar auch klar, aber es hilft wenig, wenn man sich in diesem Teufelskreis aus Selbstvorwürfen befindet.

Sie schreiben auch:

»...Ich überlege mir schon lange, ob ich nicht eine Psychologin oder Psychiaterin aufsuchen sollte, aber mir fehlt der Mut, und ich weiß nicht, ob ich stark genug bin, um mein ›Innenleben‹ auszubreiten. Ich würde so gern all diese Gedanken loswerden, die mich hemmen, wäre gern offen und munter und hätte meine Lebensfreude wieder. Aber ich bin einfach nicht selbstsicher genug. Kann gewissermaßen nicht nach meinen eigenen Voraussetzungen leben und bin deshalb so schrecklich abhängig davon, wie die anderen über mich denken...«

Die meisten Menschen sind ängstlich und widerstrebend, wenn sie zum erstenmal eine Psychologin oder Psychiaterin aufsuchen. Es ist nicht so leicht, sich zu öffnen, die Maske fallenzulassen und »nackt« dazustehen. Aber es ist weniger gefährlich als Sie glauben.

Ich bin selber, wie alle Therapeutinnen und Therapeuten, einige Jahre in Behandlung gegangen, und ich erinnere mich noch genau an diese Mischung aus Hemmungen und Mißtrauen, die ich am Anfang verspürt habe.

Zu Beginn einer Behandlung kommt normalerweise eine »Kontaktperiode« — eine Anfangsphase, in der Klientin und Therapeutin einander ein wenig kennenlernen, in der sie Inhalt und Dauer der Behandlung besprechen. Es kommt vor, daß es keine Behandlung gibt, weil sie keinen »Draht« zueinander finden, oder weil die Patientin es sich anders überlegt. Um Machtausübung während der Behandlung zu vermeiden, ist Offenheit wichtig.

In gewissen, ganz besonderen Fällen — wenn ein Mensch in einer akuten, ernsthaften Krise steckt — kann eine Therapeutin energischer sein und eine aktive Verantwortung für die folgende Behandlung übernehmen. Aber wenn Sie sich nun dafür entscheiden, Hilfe zu suchen, dann bestimmen Sie, was Sie wollen und was Sie nicht wollen. Sie müssen sich darüber im klaren sein, daß Sie oft erst nach einer langen Wartezeit eine umfassendere Behandlung bekommen können, aber schon wenige Beratungsgespräche können Sie auf die richtige Spur bringen, Ihnen die richtige Herangehensweise zeigen.

Sie können allerdings auch selber viel tun, um aus dem Teufelskreis auszubrechen. Betrachten Sie die Selbstbehandlung als eine Art, die Sie für sich selber ausführen. Sie haben schon früher viel von dem »gelernt«, was Sie selber denken. Seien Sie ausdauernd und neugierig und interessieren Sie sich für das, was Sie sich selber sagen, d. h. dafür, wie Sie sich mit Ihrer Selbstkritik geradezu peitschen. Schreiben Sie auf, was Sie sagen und überlegen Sie sich, wo Sie das »gelernt« haben. Sie werden feststellen, daß vieles aus Ihrer Kindheit und Jugend stammt. Stimmen Sie als Erwachsene mit dem überein, was Sie sich selber sagen?

Sicher nicht. Also tauschen Sie die negativen Behauptungen gegen positive und sagen Sie diese laut zu sich selber, und warum nicht vor dem Spiegel?! So rebellieren Sie gegen Ihren inneren Richter.

Es kann auch klug sein, positive Aussagen auf kleine Zettel zu schreiben, die Sie lesen, wenn Sie sich unter anderen Menschen unsicher fühlen.

Schauen Sie sich an Ihrem Arbeitsplatz um und finden Sie eine, die wahrscheinlich dasselbe Problem hat. Teilen Sie Ihre Probleme mit ihr und versuchen Sie, sie in Ihr »Training« einzubeziehen. Lesen Sie auch ein bißchen feministische Literatur, zum Beispiel über Frauen und Aggressivität.

Ich bin sicher, daß Sie über genügend Kräfte und eingesperrte Lebenslust verfügen. Ihr Mann und Ihre Kinder haben das sicher erkannt. Sie sollten offen mit ihnen sprechen. Erzählen Sie ihnen von den Problemen, mit denen Sie kämpfen. Tragen Sie die Last nicht allein.

Wenn Sie sich nicht trauen, sich irgendeiner Person, die Sie kennen, zu öffnen, dann sollten Sie Fachleute aufsuchen. Wir sind dazu da, um zu helfen.

Mit lieben Grüßen, die Psychologin.

3 Die Innenwelt von Frauen

Als Psychologin, die in einer Illustrierten schreibt, habe ich viele Briefe, Grüße und Ermunterungen von meinen Leserinnen bekommen. Das ist eine schöne Vertrauenserklärung.

Aber ich habe dadurch auch ein ziemlich erschreckendes Bild von der gefühlsmäßigen Situation erhalten, in der viele Frauen sich befinden. Am schlimmsten kommen mir die Briefe vor, die zum Beispiel so beginnen:

Liebe Psychologin!
Ich habe einen netten Mann, den ich sehr liebe, liebe Kinder, die keine Probleme machen, und eine Arbeit, mit der ich zufrieden bin. Aber ich bin oft so deprimiert und habe so wenig Selbstvertrauen. Ich traue mich nicht, mit anderen darüber zu reden...«

Der Gegensatz zwischen dem äußeren Leben und dem inneren Erleben kann verzweifelt und schmerzhaft sein. Sie haben nicht das Gefühl, daß irgend jemand draußen Sie verstehen oder Ihnen helfen könnte. Ganz im Gegenteil — der Gedanke, Ihr inneres Erleben mit jemandem aus der nahen Wirklichkeit zu teilen, ist oft das Allererschreckendste.

Ich habe viele ähnliche Briefe erhalten, und ich weiß, daß es Ihnen nicht allein so geht. Auch Forscher und Forscherinnen, die viele Frauen interviewen, um ihre Lebenssituation zu untersuchen, und Therapeutinnen, die über längere Zeiträume mit den Problemen von Frauen arbeiten, stellen fest, daß geringes Selbstvertrauen und fehlende innere Sicherheit im Leben von Frauen ein beherrschendes Problem sind.

Oft scheint der äußere Erfolg unser inneres Erleben nicht zu berühren.

Daß ich leide, wenn die geliebte Person mich verläßt, können alle verstehen. Alle begreifen, daß es schwer ist, an einen neuen Ort zu ziehen und niemanden dort zu kennen. Es ist belastend, Arbeit zu suchen und abgewiesen zu werden. Es ist schlimm, krank zu sein und von Schmerzen gequält zu werden.

Aber daß wir mitten in einem scheinbar erfolgreichen Leben deprimiert sind, Angst haben oder uns öd und leer vorkommen, das, glauben wir, kann niemand verstehen. Gleichzeitig ist es ein sehr übliches Frauenproblem.

Was geschieht in der inneren Landschaft, das die Angst davor schafft, die Probleme mit nahestehenden Menschen zu teilen, und das es gleichzeitig fast unmöglich macht, die existierenden Hilfsmittel auszunutzen?

Der Mensch hat eine besondere Fähigkeit: Die Möglichkeit, sich selber von außen zu sehen. Als hinge ein Auge vor mir, betrachtete und urteilte über mich.

Das Auge hat etliche Normen und Regeln darüber, wie ich sein sollte. Wenn ich diese Normen erfülle, bekomme ich gewissermaßen eine gute Note. Dann fühle ich mich froh und zufrieden. Aber wenn ich das nicht schaffe, werde ich selbstkritisch und zweifle an meinem Wert.

Dieses »Auge« ist durch mein langes Zusammenleben mit anderen Menschen entstanden. Meine Eindrücke darüber, wie die anderen über mich denken, beeinflussen das, was das Auge mir sagt. Diese Fähigkeit, mich selber von außen zu sehen, hat Vor- und Nachteile.

Zu den Vorteilen gehört es, daß ich meine Leistung beurteilen und feststellen kann, wie ich auftrete oder wie ich arbeite. Auf diese Weise kann ich mich entwickeln und andere Lösungen für meine Probleme finden.

Aber der Nachteil ist, daß so viele Frauen ein »Auge« mit Normen und Regeln entwickeln, das ganz unrealistische Forderungen an sie stellt, darüber, wie sie sein sollen, was sie alles schaffen und vor allem, wie wenig sie von ihren eigentlichen Gefühlen zeigen sollen.

Zu viele Frauen sehen sich in einem schlechten und selbstkritischen Licht.

Meine innere Landschaft läßt sich mit einer Theaterbühne vergleichen. Dort wird das Schauspiel über mein Leben aufgeführt, dort wird über gute und schlechte Taten Buch geführt, als säße auf der Bühne ein Buchhalter. Zeugen für meine Gesetzesbrüche und mein verdächtiges Benehmen werden aufgerufen. Ja, auch der Arzt tritt auf und diagnostiziert meine seelischen Krankheiten, der Richter verliest das Gesetz und die Jury setzt die Strafe fest.

Aber zum Glück gibt es noch weitere Mitwirkende – den Clown, der uns lehrt, über uns selber zu lachen, die guten Eltern, die uns trösten und unterstützen, und die Weisen, die uns das Wissen der Menschen vermitteln, die vor uns gelebt haben. Das unschuldige Kind tanzt vor und bewahrt Reinheit und Freude, und Amor verlockt zu Liebe und sexueller Entfaltung. Der Versucher erscheint mit der Gabe des Genießens.

Das Bild dieser inneren Bühne wird am deutlichsten, wenn wir uns an einen nächtlichen Traum erinnern oder uns den verlockenden Heldengeschichten der Tagträume hingeben.

Aber am wichtigsten ist vielleicht das Schauspiel, das die ganze Zeit über gegeben wird, wenn wir unser Alltagsleben leben.

Das innere Schauspiel ist wie ein Gespräch über das Leben dort draußen, ein Kommentar im Hinterzimmer des Ladens, in dem sich der Alltagshandel mit anderen Menschen vollzieht, ein Stimmengewirr, das die meisten normalerweise nicht hören, weil sie zu wenig in ihr Inneres horchen.

Aber wenn das Schauspiel seine dramatischen Phasen erreicht, wenn der Richter auf die Bühne tritt, dann spüren wir das harte Urteil in Körper und Seele. Du bist nicht brav genug, du bist nicht fleißig genug, du kümmerst dich nicht genug um Mann und Kinder.

Dann kommen Angst und Depression. Sie sind die Folgen, wenn das innere Gesetzbuch so streng ist, daß ich die Forderungen, die ich an mich selber stelle, einfach nicht erfüllen kann. Immer wieder muß ich versagen und mich unzureichend fühlen, denn es ist unmöglich, das Gesetz, das der Richter verliest, zu erfüllen.

Um etwas an meinem Gefühl von Versagen und Depression ändern zu können, muß ich, mit anderen Worten, anfangen, meine inneren Normen, die Forderungen, die ich an mich selber stelle, zu untersuchen.

Und gerade dann brauche ich meine Freundinnen. Wir Frauen können dieses Regelwerk erforschen, das den Alltag der Frauen bestimmt, und können vielleicht zusammen erkennen, daß die Regeln geändert und die Forderungen gesenkt werden müssen. Wir können uns gegenseitig lehren, zu uns selber weniger streng zu sein.

Wenn ich weniger streng zu mir selber bin, kann ich es mir weit eher gestatten, auf meine eigenen Bedürfnisse zu achten und mich nicht nur nach denen der anderen zu richten. Hinter Niedergeschlagenheit und Angst verbirgt sich sehr oft große Wut, weil die Frau sich gezwungen fühlt, sich um alle anderen zu kümmern, während sie vergißt, daß sie auch Rechte hat. Andererseits ist es für andere nicht leicht, sich um Frauen zu kümmern, weil wir so selten offen und ehrlich um das bitten, was wir brauchen. Auch das können Frauen einander beibringen. Zu wagen, mehr von unserem Innersten zu zeigen, die liebe Frauenmaske zu zerreißen und uns einzugestehen, daß auch wir wütend oder kindisch sein können, daß wir uns Frühstück im Bett oder das Mittagessen auf dem Tisch wünschen.

Es gibt noch immer zu viele Frauen, die voll berufstätig sind und trotzdem als Haushälterin für die ganze Familie und vielleicht auch noch als Trösterin der halben Nachbarschaft herumrennen.

Viele Frauen laden sich zu Hause und auf der Arbeit so viele Aufgaben auf, daß sie unmöglich alles schaffen können. Dann haben sie das Gefühl, daß sie versagen. Deshalb ist es wichtig, sich selber Grenzen zu setzen — das Neinsagen zu lernen, sich Ziele zu stecken, die mit gutem Ergebnis erreicht werden können.

Frauen kämpfen mit geringem Selbstvertrauen und wissen zu wenig darüber, wie sie ihr Selbstvertrauen »backen« können. Wir können unser Selbstvertrauen nicht gut entwickeln, wir haben Probleme, wenn wir anderen dabei helfen sollen — und wir übertragen unser geringes Selbstvertrauen auf unsere Töchter. Viele behalten ihre erfolgreiche Fassade und kämpfen dahinter mit ihrem fehlenden Selbstvertrauen.

Ich kann nicht gut backen, aber ich glaube, mit etwas Übung würde auch ich eßbare Sandkuchen zustandebringen. Genauso läßt sich ein größeres Selbstvertrauen erlernen. Wir müssen bloß das Rezept befolgen.

Selbstvertrauen handelt vom Verhältnis zwischen dem, was ich von meinen Aufgaben zu schaffen glaube, und dem, was ich tatsächlich ausführen kann. Wenn ich auf ein Ziel hinarbeite, das ich erreichen kann, ohne mich kaputtzumachen, kann ich zufriedener mit mir werden. Wenn ich mir so hohe Ziele setze, daß ich sie niemals einholen kann, werde ich konstant unzufrieden. Weil Frauen zu viele Aufgaben, zu Hause und auf der Arbeit, übernehmen, können sie unmöglich alle bewältigen. Und deshalb sind sie nie mit ihrer eigenen Leistung zufrieden.

Selbstvertrauen basiert auf dem Wissen um meine eigenen Fähigkeiten und meine Leistungskraft. Wenn ich meine Stärke und meine guten Seiten kennenlerne und mir beibringe, mein Leben so einzurichten, daß ich sie nutzen kann, dann kann ich zufriedener mit mir sein. Wenn ich sie nicht gebrauchen kann, sondern immer wieder auf Aufgaben und Situationen stoße, die mich überfordern, fühle ich mich immer unzulänglicher.

Die Möglichkeit zu haben, das eigene Leben und die eigene Arbeit zu lenken, ist ebenfalls wichtig für das Selbstvertrauen. Viele Frauen leben in einer Situation, in der sie ununterbrochen für andere zur Verfügung stehen, im Privatleben und bei der Arbeit. Um ihr Selbstvertrauen zu verbessern, müssen sie lernen,

Grenzen um sich zu ziehen und den anderen nicht das ganze Verfügungsrecht zu überlassen.

Zum Selbstvertrauen gehört es auch, die guten Ergebnisse zu bemerken. Sehr viele Frauen konzentrieren sich nur auf das, was ihnen nicht gelingt. Eine Frau kann zehn schöne Pullover stricken, erinnert sich dann aber nur an den mißlungenen elften. Wir können viel von der jubelnden Siegesfreude der Sportlerinnen lernen. Eine energische Abrechnung mit dem selbstkritischen inneren Dialog ist ebenfalls eine wichtige Zutat in unserem Rezept für größeres Selbstvertrauen. Wir Frauen müssen trainieren, liebevoller mit uns selber umzugehen.

Selbstvertrauen und Selbstwertgefühl kommen nicht von selber. Sie erfordern Selbsterforschung, Neugier und Training. Es geht viel leichter, wenn wir gemeinsam trainieren.

Wir können auch von anderen lernen, mutig genug zu werden, um unsere Fähigkeiten zu gebrauchen, uns realistischere Ziele setzen zu können und unsere guten Ergebnisse zusammen zu genießen. Dann wächst das Selbstvertrauen. Es könnte auch eine gute Idee sein, an einem Jobentwicklungskurs, einem »Pöbelkurs« oder etwas ähnlichem teilzunehmen.

Außerdem sind Vorbilder wichtig. Deshalb möchte ich von zwei Frauen erzählen, deren Bilder ich in mir trage:

Ich habe beide auf einem Poesiefestival in Oslo erlebt. Eine blonde Frau in weißer Hose und weißem Pullover, mit einem türkisen Gürtel um die Taille, stand allein auf der Bühne im großen Saal des Konzerthauses. Sie sprach über die Erde, über die Weltwirtschaft, und über die, die Geld und Fabriken kaufen und verkaufen. Sie sprach so einfach und selbstverständlich wie über ihren eigenen Haushaltsplan. Es war einfach gut zu begreifen. Hazel Hazeldon heißt sie und ist Wirtschaftswissenschaftlerin. Sie strahlte Wärme und Klarheit aus, wußte viel und konnte es vermitteln. Im Saal war es mäuschenstill, während sie redete.

Für mich wurde sie zu einem Bild der Zukunft. So werden wir Frauen nach und nach in großen und kleinen Räumen, wo Menschen versammelt sind, mehr und mehr Platz einnehmen. Nicht weil wir dominieren wollen, sondern weil wir die Welt auf etwas andere Weise sehen als Männer und weil wir einen wichtigen Beitrag leisten können.

Auf demselben Festival habe ich auch eine andere Frau gesehen, eine indische Tänzerin, die einen Tempeltanz aufführte. Ihre wohlüberlegten, gut geübten Handbewegungen und der wiegende Rhythmus ihres Körpers enthielten die ganze klassische weibliche Anmut und Schönheit. Glöckchen klingelten an ihren Knöcheln und Handgelenken, und auf dem Kopf und um den Hals trug sie alte, funkelnde Schmuckstücke. Die Musik vibrierte in fremden Klängen, aber alle im Saal konnten die Sprache des Tanzes verstehen.

Sie erinnerte mich daran, daß wir Anmut und Erotik in die Zukunft hinüberretten und sie mit unseren praktischen Fähigkeiten und klugen Gedanken verbinden müssen. Wir wollen den allzu nüchternen und trockenen Stil der Männer nicht kopieren.

Für mich war die Begegnung mit diesen beiden Frauen eine große Inspiration. Aber während ich hier sitze und darüber schreibe, fällt mir auch meine Mutter ein. Sie und mein Vater haben mich gelehrt, meinen eigenen Gedanken zu vertrauen und mir den Mut gegeben, meine Meinung zu sagen. So habe ich etwas über den süßen Kuchen des Selbstvertrauens gelernt. Meine Mutter hat mir auch klargemacht, daß es wichtig ist, gutes Wissen weiterzureichen.

Sie lehrte mich, Grenzen zu ziehen und nein zu sagen. Sie selber hat sich kaputtgeschuftet und zuviel Verantwortung für andere Menschen übernommen, wie Frauen das immer getan haben. Ich habe daraus gelernt, wie wichtig es ist, das Schöne und Wertvolle im Leben zu bewahren und sich die Zeit zu gönnen, sich darüber zu freuen.

Wir müssen das gute Erbe weitertragen, aber wir müssen auch die schweren Pflichten und die zu große Verantwortung hinter uns lassen. Achten Sie auf das Gute, was Sie tun, liebe Freundin, und freuen Sie sich, wenn Sie gute Ergebnisse erzielen. Genießen Sie sie und freuen Sie sich darüber.

4 Himmelhochjauchzend und zu Tode betrübt

Niemand könnte von Anne glauben, sie sei nicht erfolgreich und mit ihrem Leben zufrieden. Aber hinter dieser Fassade hatte sie große Probleme. Sie war starken gefühlsmäßigen Schwankungen ausgesetzt, nahm häufig Beruhigungsmittel und isolierte sich, wenn die Kinder nicht zu Hause waren. In der letzten Zeit hatte der Sohn angefangen, in der Schule unentschuldigt zu fehlen. Seine Klassenlehrerin, eine Freundin von Anne, hatte sie dazu überredet, sich an die kinder- und jugendpsychiatrische Poliklinik zu wenden, an der ich arbeitete.

Auch Anne war Lehrerin. Sie war ein Sprudel von Energie und Ideen — aktiv in der Elternarbeit, in Verkehrsaktionen und in den Freizeitaktivitäten der Schule. Nie war von ihr ein Nein zu hören, wenn etwas erledigt werden sollte. Im Kollegium und bei Schülerinnen und Schülern war sie beliebt und hatte für alle eine muntere Bemerkung. Aber diese Munterkeit war oft aufgesetzt.

Schon bei unserem ersten Gespräch, an dem auch Annes geschiedener Mann und ein Kind teilnahmen, ergab es sich, daß der Sohn die Schule schwänzte, weil er sich Sorgen um seine Mutter machte. Er blieb zu Hause, um sich um sie zu kümmern, weil er begriffen hatte, daß etwas mit ihr nicht stimmte. Wir kamen überein, daß Anne und ich uns die nächsten Male allein treffen und daß die Familie zu einem späteren Zeitpunkt einsteigen sollte.

Meistens wirkte Anne munter und gutgelaunt, wenn sie zu unseren Terminen erschien. Sie kleidete sich in frische Farben und immer nach der letzten Mode. Ihr Mund lächelte oft, aber ich entdeckte sofort, daß die Augen sich an diesem Lächeln nicht beteiligten. Auch ihre goldbraunen Haare verrieten, wenn sie einen schlechten Tag hatte, dann waren sie nämlich nicht so gepflegt wie sonst.

Nach und nach ging mir auf, daß Anne gefühlsmäßig entweder himmelhochjauchzend oder zu Tode betrübt war, sie konnte nur selten einen Mittelweg finden. An einem Tag war sie aktiv, eifrig und floß nur so über von Ideen und Tatkraft, am nächsten Tag war sie bedrückt, passiv und voller Selbstvorwürfe.

Nach einiger Zeit gelang es ihr endlich, ihre muntere Maske beiseite zu legen und zuzugeben, wie es in ihr aussah. Sie fühlte sich von ihrem Mann überfahren, wenn es um die Kinder ging, gestand sie. Und sie hatte das Gefühl, ihre Mutter fordere von ihr, immer zur Verfügung zu stehen, und die Schulleitung nutze sie und ihre Hilfsbereitschaft aus.

Auch Freundinnen und Bekannte kamen mit ihren Problemen oft zu Anne. An ihren Freuden durfte sie dagegen nie teilnehmen.

Anne war überanstrengt von all den Aufgaben, die sie sich aufgeladen hatte, aber sie glaubte, aushalten zu müssen, weil andere nicht wollten oder mochten. Sie hatte das Gefühl, nie genug zu tun, und dachte, daß sich die anderen beschwerten, wenn sie ein seltenes Mal eine Aufgabe ablehnte.

Dieses überaktive gestreßte Dasein führte sie nun schon seit mehreren Jahren. Später stellte sich auch heraus, daß der Mann unter anderem deshalb die Scheidung gewollt hatte, weil sie niemals Zeit für ein normales Eheleben hatten. Aber Anne wurde auch mit der Scheidung fertig, scheinbar ohne Schwierigkeiten.

Erst im letzten Jahr hatte sie ab und zu aufgegeben und sich von den Problemen überwältigen lassen. Nun war sie erschöpft und hatte alles satt.

»Mein Leben kommt mir vor wie ein großes schwarzes Loch, in das ich hinabgezogen werde«, sagte sie eines Nachmittags.

Und in diesem finsteren Loch saß Anne also und grübelte. Sie fühlte sich als Versagerin und steckte voller Schuldgefühle. Den Kindern gegenüber und bei der Arbeit versuchte sie, ihre Maske beizubehalten, aber in der letzten Zeit waren die Depressionen so groß geworden, daß sie sich mehrmals hatte krankschreiben lassen müssen.

Wir mußten dort graben, wo Anne war — unten in dem finsteren Loch. Anne erlaubte es sich nie, das Leben zu genießen. Sie konnte ihre eigenen Bedürfnisse nicht erfüllen, konnte die Tür nicht zuschließen und sich ausruhen, wenn sie das brauchte, keinen Spaziergang machen oder eine Platte auflegen, wenn sie Lust dazu hatte. Sie zog sich schön an — nicht, weil sie sich in diesen Kleidern wohl fühlte, sondern weil sie das Gefühl hatte, daß andere das von ihr erwarteten.

Wenn sie über sich erzählte, dann ging es immer um Dinge, die im Zusammenhang mit anderen und deren Bedürfnissen geschehen waren.

Wenn sie ein seltenes Mal allein zu Hause war, war sie so erschöpft, daß sie einfach nichts tun konnte, und wenn sie frei hatte, wußte sie nicht, was sie machen sollte. Sie beklagte sich darüber, daß niemand Kontakt zu ihr aufnahm, aber mir ging bald auf, daß alle glaubten, sie habe schon mehr als genug zu tun.

Sie mußte Boden unter den Füßen finden. Nach und nach konnte sie erkennen, was sie eigentlich wollte und wünschte. Danach nahm sie sich ihre Arbeitssituation an der Schule vor und lernte, für sich selber im Umgang mit anderen Grenzen zu setzen. Und dabei stellte sich heraus, daß ihr Eifer und ihre Tüchtigkeit die anderen geradezu gelähmt hatten.

Sie fing an, Forderungen an ihre Bekannten zu stellen. Wenn sie Probleme hatten, schlug sie ihnen vor, woanders als bei ihr Hilfe zu suchen, zum Beispiel beim Arzt, in der Sozialberatung oder bei einer Psychologin. Sie mußte lernen, ihre Bedürfnisse nach Fürsorge und Gemeinsamkeit zu zeigen, und sie mußte lernen, ihre Freizeit zu planen.

Dabei wurde es dann nötig, ihre gesamte Familie zu einem Gespräch zu bitten. Die Kinder mußten ihre freie Wanderung zwischen Mutter und Vater einschränken. Die Wochenendabsprachen wurden bindender, und Anne hatte mitten in der Woche ihren festen Tag, an dem die Kinder beim Vater aßen.

Außerdem mußte sie einige unangenehme Konfrontationen mit ihrer Mutter überstehen, die ebenfalls ihre Forderungen an Anne mäßigen mußte. Aber die größte Arbeit leistete Anne an sich selber. Schließlich hatte sie ihren Platz im Leben gefunden.

5 Lassen Sie sich Zeit

Jorun glaubt, daß von allen Seiten Ansprüche an sie gestellt werden, von Mann und Kindern, von ihrer alten Mutter, am Arbeitsplatz, und daß niemand mit ihrer Leistung so recht zufrieden ist. Sie hat vergessen, sich um sich selber und ihre Bedürfnisse zu kümmern, und dann werden Fürsorge und Rücksicht für andere zu einem Pflichtlauf, was die Umgebung auch merkt.

»Ich hätte mich ja freuen sollen, als mir die Stelle als Vorarbeiterin angeboten wurde, aber das konnte ich nicht.« Jorun wirft mir einen kurzen Blick zu. Sie versucht ein Lächeln, aber es wird zu einer hilflosen Grimasse. Die blauen Augen stehen voller Tränen. »Und seither bin ich bloß noch deprimiert.«

Ich sehe, daß die Traurigkeit ihr ganzes Wesen prägt. Die blonden, lockigen Haare sind ohne Glanz. Die Haut ist blaß und spannt an den Wangen und sie hat dunkle Ringe unter den Augen. Sie trägt ein hübsches blaues Kleid, aber es hängt wie ein Sack um ihre zusammengesunkene Figur. Ich nehme an, daß sie überanstrengt ist, und wage eine Frage, fast ins Blaue hinein:

»Ist bei dir in der letzten Zeit sonst noch etwas passiert?«

»Nein, alles ist wie immer.«

Ich versuch's mal anders:

»Wieviel Zeit hast du pro Woche eigentlich für dich selber?«

»Für mich selber? Wie meinst du das?« Sie sieht mich kurz an und ihr Mund wird stramm, als erwarte sie einen Angriff.

»Wann hast du zuletzt allein einen Spaziergang gemacht oder Musik gehört, die dir gefällt, oder einfach im Sessel gesessen und ein bißchen geträumt?«

Und da fließen plötzlich die Tränen. Sie wischt sie mit einer gereizten Handbewegung weg.

»Im Moment heul ich dauernd los. Kümmer dich nicht darum.«

»Du magst dich wohl im Moment nicht besonders gut leiden, Jorun?«

»Ich hab das Gefühl, mir gelingt gar nichts mehr. Ich hab noch nie...« Sie hält inne und wirft mir einen raschen Blick zu. »Ich hab einfach nie mehr Lust, ich meine, auf meinen Mann. Er beklagt sich darüber, unsere Bekannten beklagen sich, weil sie uns zu selten sehen, die Kinder quengeln, und mit der neuen Stelle...«

»...hast du noch mehr Verantwortung und glaubst, die werden sich bald auch noch beklagen. Es klingt, als hättest du das Gefühl, von allen Seiten von Forderungen aufgefressen zu werden, stimmt das?«

Jorun nickt.

»Ich glaube, du bist überanstrengt und du hast dich schon seit langem nicht genug um dich selber gekümmert. Du bist in einen Teufelskreis geraten. Du hast das Gefühl, daß alle etwas von dir verlangen und daß niemand mit deinen Leistungen zufrieden ist.«

»Genau so ist es. Ich finde sie einfach rücksichtslos. Niemand...«

»...denkt an dich. Und du denkst die ganze Zeit an sie.« Ich konnte ein kleines Lächeln in meiner Stimme nicht verbergen.

Jorun blickt mich empört an:

»Machst du dich lustig über mich?«

»Nein, Jorun, aber ich hab das schon so oft gehört und gesehen. Wir Frauen sind sehr gut in der Rolle der verfolgten Unschuld. Ja, ich rutsche oft selber in diese Rolle. Aber es ist wichtig, daß wir versuchen, zu verstehen, wie wir auf andere wirken können.«

»Wie meinst du das?«

»Wir Frauen versprechen oft viel mehr, als wir halten können. Vermitteln den Eindruck, wir hätten so viel Liebe und Fürsorge zu geben, und im Grunde interessieren wir uns oft überhaupt nicht für die Probleme der anderen. Wir wollen liebevolle Frauen, Freundinnen, Mütter und Töchter sein, aber im Alltag haben wir vielleicht im Grunde das Bedürfnis, uns um uns selber zu kümmern. Und dann sollten wir das vielleicht auch tun, allein einen Spaziergang machen, uns unsere Lieblingsmusik auflegen, oder ein Buch lesen.«

»Du meinst, wir lassen die anderen glauben, wir würden ihnen etwas geben, was wir gar nicht haben?«

Jorun sieht mich ungläubig an. Ich sehe, daß es ihr schwerfällt, das, was ich sage, an sich heranzulassen, während ihr gleichzeitig etwas zu dämmern beginnt.

»Vielleicht hast du recht, ich bin oft gereizt, wenn meine Mutter anruft, aber ich versuche, ihr geduldig zuzuhören. Sie ist so allein, die Arme.«

»Meinst du, sie merkt nicht, daß du gereizt bist?«

»Sie beklagt sich oft, daß ich so abweisend bin, obwohl ich stundenlang mit ihr rede.«

»Am Telefon, ja. Aber wie oft seht ihr euch?«

»Nicht sooft, wie ich es richtig fände. Vielleicht zweimal die Woche. Sie ist fast den ganzen Sonntag bei uns und ich besuche sie jeden Dienstag oder Mittwoch. Helfe ihr beim Saubermachen und solchen Dingen. Ja, und ich telefoniere fast jeden Tag eine Stunde mit ihr.«

Jorun sieht mich um Entschuldigung bittend an.

»Und trotzdem beklagt sie sich?«

»Ja, sie und alle anderen. Alle beklagen sich!« Jorun erhebt sich und geht unruhig im Zimmer hin und her.

»Hast du Schlafprobleme?«

»Ja. Woher weißt du das?«

»Du grübelst wohl zuviel über andere Probleme. Aber was ist mit deinem Leben, Jorun, wann lebst du?«

Jorun bricht in Tränen aus.

*

Jorun hatte nicht begriffen, daß die anderen merkten, daß sie alles nur aus Pflichtbewußtsein tat, und daß sie gerade deshalb klagten. Nicht, weil sie sich zu wenig um sie kümmerte. Der Weg aus dem Dilemma liegt darin, mit den Nächststehenden zu sprechen, um Klarheit über die Grenzen des Zusammenspiels zu erhalten. Was sind meine Bedürfnisse, und was deine? Wie können wir uns um einander kümmern?

Nicht zuletzt ist es wichtig, daß den Kindern klar wird, daß auch Mutter ihr eigenes Leben hat. Mutter darf ungestört in einer Ecke sitzen und ihre Lieblingsmusik hören. Sie darf allein spazierengehen, sie darf sich plötzlich weigern, eine Hose zu bügeln oder einen Kuchen für die Schultombola zu backen. Daraus können die Kinder lernen, daß die Fähigkeit, nein zu sagen, Grenzen um das eigene Leben zu ziehen, die Voraussetzung dafür ist, ja sagen und anderen Liebe und Fürsorge zeigen zu können.

Das Telefongespräch, das ich führe, wenn *ich* es möchte, der Besuch, den ich aus Liebe mache, ist tausendmal mehr wert als alle meine Pflichtübungen.

Lassen Sie sich Zeit. Erst wenn Sie eine ruhige Stunde für sich haben, kommen Sie zur Ruhe und finden die Energie, sich um Ihre Menschen zu kümmern.

6 Auf sämtlichen Hochzeiten!

Mona sitzt bei der Arbeit und telefoniert mit Ole, ihrem achtjährigen Sohn. Er ist heute krank. Papa war vormittags zu Hause, in zwei Stunden hat sie selber Feierabend. Aber ihr Gewissen quält sie. Sie hätte ihren Mann zur Arbeit gehen lassen und selber bei Ole bleiben sollen. Sie glaubt, der Stimme ihres Sohnes anhören zu können, daß er unglücklich ist und sie vermißt. Andererseits wäre es für ihre Klasse nicht gut, heute schon wieder Vertretungsunterricht zu bekommen.

Mona ist eine tüchtige Lehrerin und eine gewissenhafte Mutter. Sie ist eine fürsorgliche und verliebte Ehefrau, eine umsichtige Tochter, die ihre Mutter jeden Tag anruft und die ihre Eltern zum Sonntagsbraten einlädt. Sie ist in der Nachbarschaftsgruppe aktiv und eine der treibenden Kräfte in ihrer Frauengruppe. Sie näht alle Kleider für sich und die Kinder und nützt jede Minute des Tages. Aber Mona hat nur selten die Gelegenheit, die Früchte all ihres Schaffens zu genießen. Die ganze Zeit über wird sie von ihrem schlechten Gewissen gequält.

Mona kämpft mit demselben Problem wie viele Frauen ihres Alters. Sie hat *zuviel Verantwortungsbewußtsein und kann nicht nein sagen.* Das alte Sprichwort »Alles zu seiner Zeit« kann sie einfach nicht beherzigen. Mona will *die gute Frau* sein. Aber weil sie nicht nein sagen kann, kann sie sich keinen Arbeitsplan machen. Sie kann sich nicht auf die Arbeit konzentrieren, wenn sie dort ist, und kann sich zu Hause nicht auf Mann und Kinder einstellen. Sie versucht, die alte Frauenrolle zu spielen, ohne zu begreifen, daß sie einfach nicht genug Zeit hat, um in jeder Hinsicht perfekt zu sein.

Mona hat versucht, alles auf einmal zu schaffen. Sie war wie eine Zirkusartistin, die zu viele Bälle auf einmal jonglieren will. Sie hat niemals die Chance gehabt, sich auf eine Sache zu konzentrieren. Das schlechte Gewissen hat sie die ganze Zeit gequält.

Und dann haben wir Karin. Sie ist schwanger. Es ist ihre erste Schwangerschaft. Sie freut sich auf das Kind und hat schon beschlossen, mindestens zwei Jahre zu Hause zu bleiben. Sie hat viele Jahre lang hart gearbeitet und findet, sie habe nun eine Pause verdient. Nun will sie sich über das Kind freuen und Zeit für den Garten haben. Ihr Mann wird auch etwas weniger arbeiten. Sie sind noch nicht sehr lange verheiratet. Nun wollen sie sich die Zeit lassen, eine richtige Familie zu werden.

Karin hat mit 17 angefangen zu arbeiten. Sie hat sich in der Firma nach oben gearbeitet. Sie hat eine gute Stelle mit viel Verantwortung. Es ist ihr nicht leichtgefallen, ihre Arbeit einer anderen zu überlassen. Aber die Firma will sie nicht verlieren und wird ihren Arbeitsplatz für sie reservieren.

Karin hatte früh ihre Entscheidung getroffen. Erst hat sie sich auf ihre Arbeit konzentriert, jetzt will sie sich Heim und Familie widmen. Sie freut sich auch darauf, in der Nachbarschaftsgruppe aktiver zu werden. Die Arbeit hat viel Zeit verschlungen. Aber sie hat auch die Vorteile erlebt, sich ganz und gar auf einen Teil des Lebens konzentrieren zu können. Sie hat sich nicht gespalten fühlen müssen.

Zuerst hatte Karin die Ehefrau/Mutter-Rolle abgelehnt und sich für die Rolle der »Karrierefrau« entschieden. Aber Liebe und das kommende Kind haben sie zu einem Rollenwechsel bewogen. Nun will sie es mit dem alten, traditionellen Frauenleben versuchen. Vielleicht hat sie im Berufsleben gelernt, die Grenzen so zu ziehen, daß der Alltag sie nicht auffrißt. Dann wird sie später vielleicht Familienleben und Beruf gut kombinieren können. Wenn sie nicht gelernt hat, Grenzen zu ziehen, kann sie sich von der neuen Situation überfordert fühlen und sich ins Berufsleben zurücksehnen.

Mona und Karin sind beide 30. Beide haben einen Arbeitsplatz gefunden, an dem sie sich wohl fühlen. Im Alter von 25 bis 35 versuchen die meisten, sich in Beruf und Privatleben zu stabilisieren. Viele haben ihre berufliche Richtung gefunden, auch wenn viele noch in der Ausbildung stecken. Andere beginnen eine neue Ausbildung, um sich für eine andere Arbeit zu qualifizieren. Manche sind wegen der Kinder oder anderer Pflegearbeit zu Hause geblieben und nehmen erst jetzt ein Studium auf.

Gemeinsam ist den meisten aber, daß sie sich besser kennen und Übersicht über ihre realistischen Möglichkeiten haben. Die meisten haben in der Gesellschaft festen Boden unter den Füßen bekommen. Das bringt größere Sicherheit.

Die meisten richten sich nun in einem kleineren Freundeskreis ein und viele kommen in einer Familiensituation zur Ruhe. Einige führen ein stabiles Familienleben, andere machen bereits einen aufreibenden Scheidungsprozeß durch. Manche können in diesen Jahren eine enge Gemeinschaft mit anderen Menschen aufbauen, andere konzentrieren sich einseitig auf Beruf oder Studium, verkriechen sich in der Isolation oder resignieren in einer unbefriedigenden Lebenssituation.

Viele, Frauen und Männer, kämpfen mit Geschlechtsrollenproblemen und bemühen sich, das Gleichgewicht zwischen alten und neuen Werten zu finden. Weder Mona noch Karin hat etwas über die Kunst des Möglichen gelernt. Mona versucht, alles zu schaffen. Karin ändert ihr Leben vollständig. Das wird schwieriger werden, als sie denkt. Beide haben durch ihre Entscheidung gewonnen *und* verloren.

Aber während Karin in den kommenden Jahren Ruhe und Konzentration finden wird — wenn ihr die Umstellung gelingt —, riskiert Mona, sich zu überarbeiten. Die Frauenforschung sagt, daß Frauen heute eine begrenztere Auswahl an Rollen angeboten wird als Männern. Frauen können sich nur zwischen wenigen Rollen entscheiden:

Die gute Frau: Die, die versucht, alle Erwartungen zu erfüllen, gut und lieb und fürsorglich zu sein.

Die Prinzessin: Die Schöne, aber Dumme, die nur durch ihre Schönheit existiert und die Verehrung und Aufmerksamkeit erwartet.

Die Karrierefrau: Die sich einseitig auf den Beruf konzentriert und kein Mittel scheut, um nach oben zu kommen.

Der unterwürfige Putzlappen: Die, die sich selber auslöscht, die sich ausnützen und mißbrauchen läßt.

Die Verrückte oder Kranke: Sie ist immer krank, hat immer Schmerzen, schafft nichts und ist die Patientin von Ehemann oder Kolleginnen, oder sie bricht Normen und riskiert Abweisung. Sie wird verrückt und endet vielleicht in der Psychiatrie.

Die Künstlerin: Die Frau, die sich kreativ ausdrücken will, muß die traditionellen Rollenzuweisungen durchbrechen. Früher riskierte sie dabei so viele negative Reaktionen, daß sie Gefahr lief, »verrückt« oder »krank« zu werden. Heute ist es leichter, aber noch immer ist es eine schwere Entscheidung. Heute ist es leichter, aber noch immer ist es eine schwere Entscheidung.

Heute sollten Frauen eigentlich weder wie Mona noch wie Karin wählen müssen. Es sollte möglich sein, Beruf und Familienleben zu kombinieren. Aber eine Voraussetzung dafür ist, daß wir Frauen lernen, uns selber ernst zu nehmen. Daß wir uns nicht an der heldinnenmütigen alten Rolle der »guten Frau« versuchen, wo wir die Erwartungen aller erfüllen müssen, sondern daß wir es wagen, *nein* zu sagen und angemessene Grenzen um uns zu ziehen.

Wir müssen lernen, für uns selber Forderungen zu stellen. Wir brauchen Zeit für unsere eigenen Bedürfnisse. Wir müssen die Verantwortung mit den anderen teilen, mit denen wir zusammenleben, und dürfen die übrigen Familienmitglieder nicht wie Dienstboten, die uns helfen sollen, kommandieren und kontrollieren.

Niemand mag unter dominierenden Chefs arbeiten. Uns Frauen fällt es zu leicht, zu Hause mit unseren Normen und Überzeugungen darüber zu dominieren, wie der Boden geputzt und die Frikadellen gewürzt werden sollen. Die übrigen Familienmitglieder haben dann keinen Raum zum Wachsen. Wir dagegen finden keine Freizeit und Ruhe. »Du kannst nicht auf sämtlichen Hochzeiten tanzen«, sagt das alte Sprichwort. Aber wenn wir es lernen, auf neue Weise mit Familie und Kolleginnen oder Kollegen zusammenzuleben, können wir vielleicht von allen Hochzeiten einen Leckerbissen abbekommen. Es kann möglich werden, ein befriedigendes Berufsleben und ein geborgenes und herausforderndes Privatleben mit Familie und Bekannten zu leben, wenn wir uns trauen, unsere eigenen Bedürfnisse zur Sprache zu bringen und eine wirkliche Zusammenarbeit zu erwarten.

Das Kind in Karins Bauch kann eine neue Art der Zusammenarbeit lernen, und Monas Sohn wird zu Hause sicher gern neue Aufgaben übernehmen. Vielleicht kann er eines Tages leckerere Frikadellen machen als Vater oder Mutter.

7 Das Leben — eine Herausforderung

Eines Nachmittags schellt bei Familie Antonsen das Telefon. Nina Antonsen nimmt ab. Ein Freund lädt zu einem Fest am Samstag ein. Zuerst freut sie sich über die Einladung. Sie war schon lange nicht mehr auf einem Fest, und sie würde die alten Freunde gern wiedersehen, etwas Leckeres essen und vielleicht ein Tänzchen wagen.

Aber nachdem sie sich für die Einladung bedankt hat, sagt sie nein.

»Weißt du, wir haben für Samstagabend eine alte Tante eingeladen«, erklärt sie.

Der Freund versucht sie zu überreden, trotzdem zu kommen, aber sie bedauert.

»Nett, daß du angerufen hast, wir verabreden uns dann für einen anderen Abend; wir würden so gern zu deinem Fest kommen, das letzte ist schon so lange her, aber leider können wir eben nicht«, sagt sie.

In diesem Moment kommt Ellen, ihre zwölfjährige Tochter, herein. Die Mutter erzählt ihr von der Einladung. »Aber ich mußte dankend ablehnen«, sagt sie. »Tante Ida kommt doch an dem Abend.«

Aber Ellen findet, ihre Mutter sollte auf das Fest gehen.

Nina zeigt in dieser Situation einige der Eigenschaften, die wir mit dem Erwachsensein verbinden.

Erwachsensein bedeutet, Verantwortung für Familie und Verwandtschaft zu übernehmen. Diese Verantwortung führt oft dazu, daß wir unsere eigenen Bedürfnisse beiseite schieben müssen. Erwachsensein bedeutet auch, Kindern und Jugendlichen zu zeigen, wie sie sich in gewissen Situationen benehmen sollten.

Nina hat ihre eigenen Bedürfnisse beiseite geschoben. Viele Frauen entscheiden sich für solche Lösungen. Sie kümmern sich um die Bedürfnisse anderer Menschen und vergessen ihre eigenen. Erwachsensein bedeutet nicht immer, »gut und lieb« zu sein. Wer immer für andere lebt, kann leicht ausbrennen und leer und deprimiert sein. Viele erwachsene Frauen kämpfen mit

Niedergeschlagenheit und Gefühlen der Leere. Das kann mit ihrer fehlenden Fähigkeit zusammenhängen, ihre eigenen Bedürfnisse festzustellen und zu wagen, Rücksicht auf sich selber zu nehmen.

Vielleicht würde Tante Ida sich auch über einen gemütlichen Sonntagsausflug mit der Familie freuen. Sie wäre vielleicht gar nicht damit einverstanden, daß Nina ihretwegen auf ein Fest verzichtet. Oder vielleicht wäre sie auch gern mitgekommen? Tante Ida tanzt immer noch wie eine Meisterin und mag Feste eigentlich sehr gern.

Nina ist erwachsen. Sie behält immer den Überblick und kann in die Zukunft denken und sich nicht von momentanen Wünschen und Gelüsten leiten lassen. Rücksicht und Fürsorge spielen für sie eine wichtige Rolle.

Nina hat eine strenge Moral. Diese Moral ist eine Art innere Richterin, die sie immer wieder an die Bedeutung von Pflicht und Rücksicht auf andere erinnert. Die strengen Regeln der Richterin hindern sie oft daran, ihren kindlicheren Seiten freien Lauf zu lassen. Deshalb sieht sie selten die Lösungen, die es ihr erlauben würden, etwas von dem zu tun, wozu sie Lust hat, und gleichzeitig auf andere Rücksicht zu nehmen. Ninas strenge Moral hat sie aus ihrem eigenen Zuhause mitgebracht, ein Ergebnis ihrer Erziehung und ihrer Lebenserfahrung.

Wenn Nina auf das Gespräch hören würde, das sie mit sich selber führt, würde sie bald ihren kindlichen, ihren sachlichen, erwachsenen Teil — der objektiver ist — *und* die Richterin, den selbstkritischen Teil entdecken. Bei sehr vielen Frauen hat der selbstkritische Teil die Oberhand gewonnen. Das bedeutet, daß wir an uns selber zu hohe Forderungen stellen und unsere eigenen Bedürfnisse zu stark verdrängen.

Auf eine Weise erwachsen zu sein, die uns und anderen Lebensfreude und Wohlbehagen bringt, bedeutet, daß wir versuchen, zwischen eigenen Bedürfnissen und der Fürsorge für die Menschen um uns ein Gleichgewicht zu schaffen. Niemand wird in der Nähe der »guten Märtyrerin« froh!

Erwachsensein bringt Ansprüche, Verpflichtungen und Verantwortung mit sich. Wir müssen mit Beruf und Finanzen umgehen können. Eine Erwachsene kann oft überanstrengt sein und sich unzulänglich vorkommen. Lange Arbeitstage und familiäre Verpflichtungen können körperlich erschöpfend wirken. Immer mehr Erwachsene leben allein oder sind alleinverantwortlich für ein oder mehrere Kinder. Und dann ist es schwer, Unterstützung und Sicherheit zu finden.

Zu viele fühlen sich verpflichtet, ihre Schwierigkeiten für sich zu behalten, ihre Probleme allein zu meistern und eine beherrschte Fassade aufrechtzuerhalten. Nur wenige Erwachsene wagen es, Trauer und Sorgen zu zeigen. Kinder und Jugendliche können dadurch oft von einem natürlichen Wissen um die Gesetze des Lebens ausgeschlossen werden.

Kinder und Jugendliche lernen mehr von dem, was sie sehen und erleben, als aus unseren Reden. Die Art, in der wir Erwachsenen im Alltag leben, zeigt ihnen unsere Lebenseinstellung.

Viele Erwachsene leben auf *eine* Weise und sagen etwas ganz anderes. Die Kinder empfangen sehr widersprüchliche Meldungen.

Nina zeigt, daß sie eigene Bedürfnisse aufgibt, um sich um Tante Ida zu kümmern. Sie gibt ihrer Tochter ein positives Beispiel.

Aber wenn sie immer nur fürsorglich und rücksichtsvoll ist, wird sie zu einem schwierigen Vorbild für Ellen. Ihr Bild vom Erwachsenenleben ist dann so ganz anders als sie selber, daß sie vielleicht gar keine Lust mehr hat, erwachsen zu werden.

Viele Erwachsene versuchen, ihren Kindern schöne Vorbilder zu geben. Aber zum Glück haben Kinder und Jugendliche gute Augen und können hinter die Fassade schauen. Es ist schwer, Probleme zu verbergen.

Es wäre für Nina und Ellen besser, wenn die Mutter wagte, offener und nicht immer so perfekt zu sein.

In den letzten Jahren ist das Interesse für die Entwicklungsprozesse des Erwachsenenlebens gewachsen. Wir teilen das Erwachsenenleben nun in verschiedene Lebensphasen ein und untersuchen, welchen Problemen und Aufgaben ein Mensch sich in den verschiedenen Perioden gegenübersieht. Diese Einteilung hat sich durch die Erforschung der biologischen Entwicklung des Körpers und der Aufgaben, die uns in den unterschiedlichen Lebensphasen gestellt werden, ergeben.

Nina lebt nach einem bestimmten Muster, sie ist die gute, hilfsbereite, liebevolle Frau. Diese Rolle bietet ihr viele Belohnungen. Andere Menschen schätzen sie, und sie kann sich in Respekt und Bewunderung sonnen.

Aber Ellen hat es nicht so leicht. Für sie beginnt die Teenagerzeit. Wie soll sie sich von ihrer guten, liebevollen Mutter befreien? Für viele Frauen bedeutet es eine große Herausforderung, wenn ihre Teenagertochter anfängt, an den Zügeln zu zerren. Und Nina wird dann den kindlichen Teil ihrer selbst treffen, den sie jetzt zu verleugnen versucht. Es wird nicht leicht für sie sein, die Freiheitsbedürfnisse ihrer Tochter zu respektieren, wenn sie ihre eigenen so restlos verleugnet.

Da jeder Mensch etwas ganz Besonderes ist und einen eigenen Ausgangspunkt für sein Leben hat, bringen auch die Lebens-

phasen unterschiedliche Probleme und Herausforderungen.
Ich werde später versuchen zu zeigen, wie unterschiedlich sich das Leben für Frauen in verschiedenen Lebensphasen ausarten kann, und wie sich aus dem persönlichen Ausgangspunkt ganz unterschiedliche Lösungen für dieselben Probleme ergeben können.

8 Verliebtheit ist schön — Liebe ist gefährlich?

Liebe Psychologin!
Ich bin 32, unverheiratet und habe schon viele Beziehungen gehabt. Einige Männer haben mich natürlich verlassen, aber meistens war ich diejenige, die nach einer Weile keine Lust mehr hatte. All diese Trennungen machen mich schrecklich deprimiert, denn ich wünsche mir nichts sehnlicher, als mit einem Mann zur Ruhe zu kommen, als Kinder zu haben.

Ich habe nun angefangen, mich ernsthaft zu fragen, ob etwas mit mir nicht stimmt. Zuerst verliebe ich mich (das fällt mir leicht), dann, nach etwa zwei bis drei Monaten, kommen mir Zweifel an meinen Gefühlen. Ich mache gern noch eine Weile weiter und hoffe, daß die Zweifel sich legen, aber das tun sie nicht. Nach einer Weile habe ich immer eine Menge an meinen Freunden auszusetzen, rege mich über Kleinigkeiten auf, obwohl ich doch weiß, daß niemand fehlerfrei ist. Ob ich von der Liebe wohl zuviel erwarte?
(Der Brief ist gekürzt.) *»Krebs«*

Liebe »Krebs«!
Ihr Brief zeigt deutlich, wie verschiedene Seiten an uns Menschen in uns um die Macht kämpfen. Ihr einer Teil will ein erwachsenes Frauenleben führen, eine Familie gründen und Kinder bekommen, der andere Teil hindert Sie daran, eine dauerhafte Beziehung zu einem Mann einzugehen, und zwingt Sie statt dessen zu kurzfristigen Verhältnissen. Sie schreiben, Sie wissen, daß Ihr Problem nicht selten ist, und damit haben Sie recht. Es kommt vor allem häufig vor, wenn wir uns als Teenager und junge Erwachsene verlieben. Dann sind die Gefühle flüchtig und nicht von Bestand, weil wir unterwegs sind, unsicher über uns selber, nicht wissen, wer wir sind und was wir brauchen. Wenn wir erwachsener sind, finden wir Ziel und Richtung im Leben und wir vertiefen unsere Beziehungen zu anderen und finden uns im Beruf zurecht.

Aber manche Menschen, Männer und Frauen, bleiben in der

von Ihnen beschriebenen Situation hängen. Dann sind in der Regel verborgene Konflikte und Angst vor Nähe mit im Spiel.

Sie schreiben: »Es heißt, wir müßten uns selber mögen, um einen anderen Menschen zu lieben. Ich bin sehr gehemmt und unzufrieden mit mir selber.« Weiter schreiben Sie, daß Ihnen als Kind nie Liebe gefehlt hat und daß Sie es als Teenager für selbstverständlich gehalten haben, daß Sie eines Tages heiraten würden.

Ohne daß Sie näher darauf eingehen, habe ich den Eindruck, daß die Liebe, die Sie als Kind empfangen haben, Sie eher gefesselt hat, statt Sie zu befreien und Ihnen eigene Füße zu geben, auf denen Sie stehen könnten.

Eltern können, ohne es zu wollen, ihre Kinder in einer warmen, aber abhängig machenden Beziehung an sich ketten. Sie geben ihren Kindern Liebe, aber keine Selbstsicherheit. Entweder beschützen sie ihre Kinder zu sehr, loben sie unkritisch und lassen ihnen keinen Experimentierraum, oder sie mischen zu viele Forderungen und Kritik in ihre Liebe und die Kinder werden unsicher. Eine befreiende Elternliebe handelt vom Lieben, aber auch von angemessenen Forderungen, von Zuwendung, aber auch davon, dem Kind beizubringen, selber zurechtzukommen.

Sie haben keine angemessene Portion von Selbstvertrauen und Sicherheit mitbekommen.

Ein Mensch, der in einer Jugend ein warmes, aber abhängigmachendes Verhältnis zu seinen Eltern gehabt hat, hat oft eine schwierige Beziehung zu menschlicher Nähe. Es kann eine große Sehnsucht nach Liebe vorliegen. »Mein ganzes Leben lang sehne ich mich nach Liebe«, schreiben Sie, aber Sie kennen auch die Angst vor der alten Abhängigkeit.

Deshalb ist Verliebtheit schön, denn dann ist alles unwirklich, wenig anspruchsvoll und die Nähe zumeist eingebildet. Wenn die Beziehung sich entwickelt, müssen wir einander als wirkliche Menschen mit Fehlern und Schwächen entdecken. Und dann brauchen wir die Fähigkeit zur Nähe und die Lust, die Partnerin oder den Partner zu erforschen. Dann entdecken wir auch, wo unsere Unterschiede liegen und was wir voneinander erwarten.

Wer sich vor Nähe und Gegenseitigkeit fürchtet, bricht zu diesem Zeitpunkt die Beziehung ab oder benimmt sich so »unmöglich«, daß der oder die andere Schluß macht.

Dann kann der Kreis der Verliebtheit neu beginnen. Großer Abstand, sichere Begeisterung. Wenn die Beziehung sich vertiefen soll – wird sie wieder abgebrochen.

Sie haben dieses Muster nun so oft erlebt, daß Sie es erkennen und ausbrechen wollen. Sie haben sich auch gefragt, welche anderen Probleme eine Rolle spielen können. Sie erzählen von einem nächtlichen Alptraum, den Sie mit sexuellen Problemen verbinden, und Sie spüren, daß Sie unsicher sind und sich nicht besonders gut leiden mögen.

Damit sind Sie schon weit gekommen.

Die Beschreibung Ihrer Lebenssituation weist darauf hin, daß Sie in ziemlich umfassenden Problemen stecken, von denen Sie sich ein recht gutes Bild machen, die Sie aber nicht eigenhändig lösen können. Ich glaube, eine Psychotherapie, eine systematische Gesprächsbehandlung, könnte Ihnen beträchtlich weiterhelfen.

In der Psychotherapie wird Ihr heutiges Lebensmuster in Zusammenhang mit Ihrer Beziehung zu sich selber gesetzt, so, wie sie sich in Ihrem Leben entwickelt hat, auch Ihre Beziehung zu Weiblichkeit und Sexualität wird aufgegriffen.

Es kann schwierig sein, einen Termin bei einer Psychotherapeutin zu bekommen, aber die Probleme behindern Sie so sehr, daß Sie darum kämpfen sollten.

Inzwischen: Sprechen Sie offener mit den Menschen in Ihrer Nähe, nicht zuletzt mit Ihrem Freund. Vielleicht kann auch er Ihnen ein Stück weit helfen.

Liebe Grüße, die Psychologin.

9 Von der Katze lernen

Trine war an einem Samstagabend mit zwei Freundinnen in einem Restaurant. Sie waren fröhlich und munter, und sie wurden oft zum Tanzen aufgefordert. Zwischen den Tänzen saßen sie am Tisch und plauderten. Sie redeten von ihrer Arbeit, über Filme, Bekannte und Träume. Aber Trine erzählte nichts über ihren heimlichen Traum, denn den kannte sie selber kaum. Ein Mann forderte sie an diesem Abend sehr oft auf. Sie stellten fest, daß sie gut zusammen tanzten und sie fühlten sich miteinander wohl.

Als das Restaurant schloß, wollte der Mann sich gern mit Trine verabreden. Trine freute sich und sagte ja. Dann fragte er plötzlich, wie alt sie sei. 45 antwortete sie wahrheitsgemäß. Der Mann ließ sein Kinn fallen und wandte seinen Blick ab. Ehe sie piep sagen konnte, war er verschwunden!

Als Trine nach Hause kam, konnte sie nicht schlafen. Sie setzte sich an das offene Fenster und starrte in die Nacht hinaus. Sie seufzte schwer und auch ein paar Tränen liefen ihr über die Wangen.

Ich bin alt, dachte sie. Keiner will mich noch! Um meine Augen gibt es ekelhafte Runzeln, meine Wangen sind schlaff, die Brüste hängen und die Haare werden grau. Kein Wunder, daß der Mann weggerannt ist, als er in der Garderobe im Licht mein Gesicht gesehen und gehört hat, wie alt ich bin. Plötzlich unterbrach eine große, zottige, schwarze Katze ihre Gedanken und sprang von draußen vor ihr auf die Fensterbank. Sie starrte Trine aus funkelnden gelben Augen an. Trine zitterte und versuchte, ihren Blick abzuwenden, aber da schien die Katze höhnisch zu miauen.

Warum bist du so traurig und tust dir selber so leid? schien sie zu fragen. Läßt du dich von einem blöden Mann so herunterziehen? Sie verpaßte Trines Arm einen blitzschnellen Schlag mit ihrer Pfote. Trine schrie auf und starrte die roten Striemen auf der weißen Haut an. Dann sah sie wieder die Katze an. Die streckte sich und erwiderte den Blick, als wollte sie sagen: Der hat bloß Angst vor dir gekriegt! Du bist doch eine tolle, erwachsene Frau! Deine Runzeln stehen dir gut, es sind Lachfältchen, die von Munterkeit und Lebensfreude erzählen. Sieh mich an, ich bin eine alte Katze, und bin ich nicht immer noch ein Prachtstück? Du kannst mir glauben, die jungen Kater freuen sich, wenn ich ihnen ein bißchen Aufmerksamkeit widme. Ich finde, du solltest dir mal überlegen, wie du die Männer auf dir herumtrampeln läßt. Du bist auch ein bißchen schuld daran. Magst du dich selber gut genug leiden, wenn du dich von einem Mann so verletzen läßt?

Als Trine am nächsten Morgen erwachte, fühlte sie sich stark und froh. Sie betrachtete ihren Arm, betrachtete die roten Spuren der Katzenkralle, ging nackt zum Spiegel und streckte sich, so wie die schwarze Katze.

»Ich bin 45 und eine schöne, erwachsene Frau. Das Leben wird schon neue Abenteuer bringen«, sagte sie laut zu ihrem Spiegelbild. Dann ging sie zum Kleiderschrank, holte ein knöchellanges, schwarzes Kleid mit hohem Schlitz heraus und schminkte sich die Augen. Dann setzte sie sich an den Schreibtisch und schrieb an sich und alle anderen Frauen einen offenen Brief:

»Wir müssen lernen, uns besser um uns selber zu kümmern und uns über unsere Kraft und unseren Körper zu freuen. Wir dürfen nicht mehr verletzt sein, wenn ein Mann ein bißchen abweisend ist. Wir müssen von der Katze lernen, die ihre eigenen Wege geht, und dürfen uns nicht solche Sorgen über unsere Schwächen machen. Außerdem müssen wir anfangen, Platz zu beanspruchen und im Leben mehr zu wagen. Dann werden auch die Männer froher sein, glaube ich. Es ist anstrengend für sie, daß wir Frauen immer umworben werden wollen. Die Männer scheinen heute mit sich selber genug Probleme zu haben, an sie werden höhere Ansprüche gestellt, als sie wirklich erfüllen können.«

Trine schrieb und schrieb und die Feder lief spielerisch über das Papier. Sie sang sich auch eins, so vergnügt war sie.

Wir Frauen sind heute stark, wir müssen den Männern ein bißchen Zeit zum Aufholen lassen. Wir haben Vorsprung und müssen darauf warten, daß die Männer uns einholen.

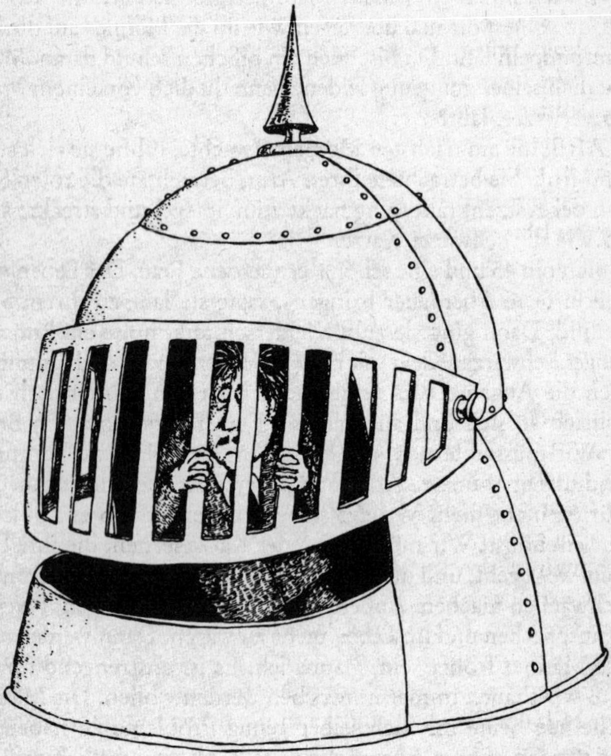

10 Die Prinzessin, die nie aus ihrem Kleid herauswuchs

Irene betrachtete ein Bild von sich im Fotoalbum. Ein süßes kleines Mädchen im Spitzenkleid mit schulterlangen Locken. Es war an ihrem fünften Geburtstag aufgenommen worden, das wußte sie. Wie lange war das schon her! Aber noch immer nannte ihre Mutter sie »meine Prinzessin«. Die Mutter hatte ihr immer über die braunen Locken gestrichen, die Haarschleife oder die Falten im Kleid geradegerückt und sie herumgewirbelt.

»Du bist eine richtige Prinzessin. Viel hübscher, als ich je gewesen bin«, sagte sie und nähte neue schöne Kleider für Irene.

»Na, meine kleine Prinzessin«, sagte ihr Vater immer und hob sie hoch in die Luft.

Irene legte das Album beiseite und trat vor den Spiegel. Das graue Kleid stand ihr wirklich gut. Sie drehte sich zufrieden um.

Aber wie ärgerlich, daß sie in der Firma keine bessere Stellung bekommen konnte. Immer erhielten die anderen Sekretärinnen die besten Posten. Aber egal, was machte das schon! Sie schüttelte den unangenehmen Gedanken ab, keine in der Firma war so umschwärmt wie sie.

»Ich glaube, *ich* mach mal Kaffee«, sagte Frau Pettersen und nahm Irene den Filter aus der Hand. Irene reckte den Kopf hoch und verschwand auf dem WC; sie kämmte sich, schminkte ihre Augen noch einmal und lächelte ihrem Spiegelbild zu. Am Abend würde sie mit dem jungen Abteilungsleiter ausgehen. Im Büro redeten die anderen Frauen über sie.

»24 Jahre ist sie alt und kann noch nicht einmal Kaffee kochen«, sagte die eine.

»Sonst kann sie auch nichts, außer hübsch aussehen!« sagte die andere. »Und die Männer um den Finger wickeln«, meinte die dritte.

Die plötzliche Stille bei ihrem Eintreten fiel Irene gar nicht auf. Sie bemerkte die Blicke, die die anderen sich zuwarfen, nur selten, und sie überhörte ihre kleinen Sticheleien.

Als Irene klein war, wurde sie von Mutter und Vater, von

Tanten und Onkeln auf Händen getragen. Sie lernte, kleine Lieder zu singen und den Erwachsenen einschmeichelnd die Arme um den Hals zu legen. Aber den Geschwistern und den Kindern in der Nachbarschaft gefiel es nicht, daß sich die Erwachsenen für Irene dermaßen begeisterten. Sie trauten sich nicht, offen gemein zu ihr zu sein, denn dann wurden die Erwachsenen böse. Sie war doch die Kleinste, sagten sie. Also spielten sie Prinzessinnenspiele mit ihr. Aber die Spiele hatten einen geheimen Inhalt, den die Erwachsenen nicht begriffen.

»Irene, du bist die Prinzessin!« riefen sie. Dann mußte Irene ganz still auf einem Stuhl sitzen oder irgendwo stehen und Prinzessin sein. Sie spielten »Dornröschen war ein schönes Kind«, aber kein Prinz erschien, um sie wachzuküssen. Sie mußte einfach immer weiter schlafen.

Die feinen Kleider, die sie immer trug, und die mütterlichen Ermahnungen, sich ja nicht schmutzig zu machen, trugen zu der Prinzessinnenrolle bei. Irene akzeptierte diese Rolle. Sonst durfte sie ja nicht mitspielen. Im Grunde spürte sie den Neid und die Kälte der anderen Kinder. Aber sie lernte, statt dessen den Erwachsenen zuzulächeln.

Auf diese Weise lernte sie, gefühllos zu werden. Ihre Haut wurde immer dicker. Sie spürte die Reaktionen und Gefühle der anderen Kinder immer weniger.

Als sie älter wurde, lernte sie, den großen Jungen zuzulächeln, und da machte es nichts, daß sie keine beste Freundin hatte. Die anderen Mädchen kamen ja doch zu ihr. Die Mutter half ihnen beim Nähen. Zuerst gab es Puppenkleider, später machten sie ihre eigenen Sachen. Es traf Irene zwar, daß sie nur mit ihrer Mutter sprachen und nicht mir ihr, aber das vergaß sie schnell. Bald schellte das Telefon und irgendwer wollte sich mit ihr verabreden.

So vergingen zwei Jahre. Prinzessin Irene konnte nicht übersehen, daß sie von neuen, jungen Frauen im Büro überholt wurde. Es kam auch immer häufiger vor, daß die Kollegen, mit denen sie ausging, nach dem schönen Essen eine Vergütung erwarteten. Sie war inzwischen mit mehreren von ihnen zusammen gewesen, was ihrem guten Ruf in der Firma nicht gerade gut tat.

Eines Tages faßte sie Mut und ging zum Chef.

»Na, wollen Sie an der Konferenz teilnehmen?« Er lächelte und zwinkerte ihr zu. Sie wurde feuerrot. »Nein, ich wüßte gern, warum ich nie gefragt werde, wenn hier in der Firma bessere Stellen frei werden.«

Der Chef erhob sich und ging durchs Zimmer.

»Ich will ehrlich sein. Sie scheinen sich überhaupt nicht für die Arbeit und Ihre Kolleginnen zu interessieren. Keine der Damen mag Sie. Sie sind nicht dumm. Aber Sie haben kein Interesse daran gezeigt, mehr zu lernen. Sie haben sich nie für die Fortbildungskurse der Firma interessiert. Sie sind nett und attraktiv und mir gefällt es, daß Sie hier sind. Aber für eine verantwortungsvolle Stellung sind Sie nicht geeignet. Aber nehmen Sie das nicht so schwer.« Er lächelte. »Sie können doch Hosteß bei der Konferenz sein.« Er zwinkerte ihr wieder zu. Irene saß das Weinen in der Kehle.

»Ich will keine ›Hosteß‹ sein!«

»Na gut.« Der Chef kniff die Lippen zusammen. »Dann ist nichts mehr zu besprechen.«

Irene hörte zum erstenmal, daß das Gespräch verstummte, als sie zu den anderen zurückkehrte. Sie setzte sich auf ihren Platz und kämpfte mit den Tränen. In diesem Moment rief ihre Mutter an.

»Ich habe einen Stoff gefunden, der dir sicher gefällt.«

»Mutter, ich will kein neues Kleid!« Irene schrie ihre Mutter geradezu an. Sie blickte sich erschreckt um. Aber die anderen waren mit ihrer Arbeit beschäftigt.

»Aber Irene — wie undankbar du bist. Und dabei habe ich soviel Geld für den schönen Stoff ausgegeben!«

»Ja, sicher, Mutter. Natürlich möchte ich gern ein neues Kleid.«

Eines Tages lernte Irene einen Mann kennen, dem ihre Schönheit nicht so wichtig war. Er sah in ihr etwas, das die anderen nicht bemerkt hatten, und wollte sie gern näher kennenlernen. Irene bekam ihre Chance. Aber konnte sie sie wahrnehmen?

Als Baby war Irene lebhaft und munter gewesen. Sie war aktiv, aufgeweckt und neugierig. Aber die Eltern erstickten ihre Abenteuerlust und töteten ihre Tatkraft. In ihren feinen weißen oder rosa Kleidern konnte sie sich einfach nicht entfalten. Irene lernte schnell, Flecken auf den Kleidern zu verabscheuen. Ursprünglich war sie gelehrig und feinfühlig. Sie übernahm die Regeln, die ihre Eltern für sie aufstellten, und machte sie zu ihren eigenen. Bald hatte sie selber das Gefühl, eine Prinzessin zu sein, die besondere Aufmerksamkeit und Extravorteile verdiente.

Das kleine Mädchen war verhext, war zu einer Prinzessin geworden, die nicht aus ihrem Kleid herauskam.

Irene lernt Jon kennen, den Mann, der ihre »Verkleidung« durchschaut und ihr näherkommen möchte. Er sieht die suchende junge Frau.

Wenn Irene aus der ehrlichen Antwort des Chefs lernen kann, sich für die Arbeit zu interessieren, und wenn sie die Unterstützung annehmen kann, die Jon ihr anbietet, hat sie eine Chance. Dann kann sie aus ihrem Prinzessinnenkleid herauswachsen und die Entwicklung zur erwachsenen, selbständigen Frau beginnen. Aber wenn sie diese Herausforderungen, die das Leben an sie stellt, nicht annehmen kann und sich hinter Jons Liebe versteckt, ist sie übel dran. Dann wird sie Jon vielleicht dazu bringen, sie auf Händen zu tragen und sie so anzubeten, wie ihre Eltern das getan haben. Und dann besteht die Gefahr, daß er es eines Tages sattbekommt und sich eine erwachsenere Frau sucht.

Wo kann Irene Hilfe finden? Ich glaube, die Kolleginnen können ihr beibringen, was sie wissen muß. Irene muß sich jetzt an sie wenden.

11 Marie putzt und putzt

Das Licht fällt durch das große Wohnzimmerfenster und auf Marie, die Staub wischt. Alles um sie herum ist glänzend sauber, aber Marie putzt und putzt.

Das ist die alte Geschichte vom Waschzwang, werden manche jetzt vielleicht sagen. Macht Marie etwas ganz Sinnloses?

Nein, das tut sie nicht. Sie arbeitet — immer. Sie arbeitet den ganzen Tag, am Abend und oft bis spätnachts. Wenn jemand sie zum Sitzen überreden kann, findet sie schnell einen Grund, um wieder aufzuspringen. Sie sieht sich unruhig um, fast bittend.

Marie arbeitet, wie ihre Mutter vor ihr, und ihre Großmütter und die Frauen in der Familie in alten Zeiten. Marie hat in der großen Küche auf dem Hof von ihrer Großmutter gelernt, und von der Mutter mit sechs Kindern in einer unpraktischen Stadtwohnung.

Marie hat liebe und tüchtige Kinder. Zwei Teenager und eine ältere Tochter, die jetzt mit dem Studium anfängt. Sie haben gelernt, ihre Zimmer in Ordnung zu bringen und sich die Füße abzuputzen. Sie haben auch gelernt, sich damit abzufinden, daß ihre Mutter ihre Zimmer noch einmal in Ordnung bringt, auch wenn sie glauben, es selber gut genug gemacht zu haben. Marie hat auch einen liebevollen, tüchtigen Mann, der gerne zum Staubsauger greift, obwohl er weiß, daß Marie es noch einmal tun wird.

Alles ist in Ordnung, aber Marie ist nicht froh, ihr Körper erzählt ihr das. Immer hat sie irgendwo Schmerzen, bald im Nacken, bald im Kreuz. Sie hat viele Untersuchungen mitgemacht. Eine Zeitlang dachten die Ärzte, es sei Rheumatismus, aber das stimmte nicht. Sie hat die richtigen Arbeitsstellungen trainiert und gelernt, Ruhepausen einzulegen. Sie tut alles, was die Heilpraktikerin sagt, ist eine brave Patientin, aber es wird nicht besser. Alle geben Marie gute Ratschläge, und sie befolgt sie. Aber noch immer hat sie Schmerzen. Und jeden Tag putzt sie, als wollte sie sich selber wegputzen.

Marie ist wie ihre Mutter. Vielleicht können wir sagen, Marie *ist* ihre Mutter...

Ihr Körper sagt ihr, daß sie auf dem falschen Weg ist. Es tut auf die Dauer weh, in andererleuts Fußstapfen zu gehen. Die Muskeln in ihrem Körper protestieren. Sie bringen Maries Konflikt zum Ausdruck. Sie lebt heute, aber nach Regeln von gestern — lebt ihr eigenes Leben, aber nach der Methode ihrer Eltern.

Marie ist niemals in der Wirklichkeit auf Entdeckungsreise gegangen. Sie hat ihr Leben wie ein gehorsames Kind weitergeführt.

Ihr Mann und ihre Kinder glauben nicht, daß Marie sich verändern kann. Sie behandeln sie wie ein Kind. Und sie teilen ihre Gedanken und Gefühle nur selten mit ihr. Sie leben ihre eigenen Leben. Der Mann sitzt im Gemeinderat. Die Kinder treiben eifrig Sport. Marie ist einsam in ihrem gemütlichen Haus, und deshalb putzt sie noch mehr.

Maries Freundinnen sind wie sie. Sie treffen sich im Hausfrauenverein und beim Basar des Roten Kreuzes. Aber sie stellen einander nicht viele Fragen. Sie klagen ein bißchen über Rückenschmerzen und über den Mann, der so selten zu Hause ist oder nur vor dem Fernseher sitzt. Die Frauen, die anders sind, seufzen über Marie und versuchen, sie und ihre Freundinnen zu überreden, etwas Neues zu tun. Aber mit ihrer eifrigen Zudringlichkeit erschrecken sie Marie — und dann putzt sie noch mehr.

Maries fast erwachsene Tochter denkt neue Gedanken, sehnt sich aus dem Dorf fort und hat leicht ein schlechtes Gewissen, weil sie eigentlich ziemlich böse auf ihre Mutter ist. Sie beschließt, ganz andere Wege einzuschlagen, aber sie weiß nicht, daß sie das mütterliche Erbe nicht so leicht abschütteln kann. Sie hat ja den mühsamen, pflichterfüllenden Arbeitsstil ihrer Mutter schon gelernt, hat gelernt, ihre Gefühle zu verbergen und über ihre eigenen Gedanken den Mund zu halten. Es wird ihr nicht leichtfallen, die Freiheit in der Großstadt zu genießen.

Maries Mann liebt sie, er erinnert sich noch an die träumende und gedankenvolle Marie, in die er sich einst verliebt hat, aber er sieht nicht, daß sie ihm gegenüber am Frühstückstisch sitzt. Er sieht die tüchtige, schwer beschäftigte Hausfrau und greift zum Staubsauger, statt sie zu einem Spaziergang aus dem Haus zu locken.

Die beiden jüngeren Kinder lieben ihre Mutter sehr, aber ihre besorgten Nörgeleien gehen ihnen auf die Nerven, und sie verbringen ihre Zeit lieber bei Freunden und Freundinnen und auf dem Sportplatz. Sie haben ihre Lektion früh gelernt und zeigen nicht oft, daß sie sie lieben. Oder, genauer gesagt, sie zeigen es, indem sie ihr Zimmer aufräumen und die Schuhe ausziehen, denn dann freut sich ihre Mutter. Aber im Grunde sehnt sich Marie danach, an ihrem Leben teilnehmen zu dürfen, und dafür haben sie nicht viel Zeit.

Viele Frauen verlassen heute ihre Ehe, um ihr Leben zu verändern. Aber es kann auch andere Möglichkeiten geben, die vielleicht eine andere Form von Mut erfordern.

Marie braucht Hilfe, um Marie wiederzufinden, das träumende junge Mädchen, das so gerne draußen im Wald war und das Singen liebte. Aber sie braucht einen Begleiter auf dem Weg in die unbekannte Landschaft. Denn der Weg ist ihr so fremd...

Wir haben blind an äußerliche Veränderungen im Leben geglaubt, wie gleichen Lohn für die gleiche Arbeit, mehr Arbeitsplätze für Frauen. Das zu erreichen ist noch immer wichtig und notwendig. Aber innere Arbeit, Arbeit an unseren Einstellungen, das Erforschen unserer eigenen Interessen und Träume ist auch ein wichtiger Weg. Nicht als lebensferne Flucht, sondern um dem Alltagsleben Tiefe und Inhalt zu geben.

Für Marie gibt es keine Arbeit außerhalb des Hauses, keinen normalen Arbeitsplatz. Aber es gibt trotzdem Lebensmöglichkeiten und Aufgaben. Und es gibt Menschen, die gerne ihre Freuden und nicht nur ihre Sorgen teilen möchten — die sie auf der inneren Entdeckungsreise begleiten wollen, die sie dazu bringen kann, die mühsame Arbeit, ihre Fassade in Ordnung zu halten, aufzugeben.

12 Rennpferd Mette

Mette war Sekretärin, als ich sie kennenlernte. Warum mußte ich sofort an ein Rennpferd am Start denken? Ich glaube, es lag an ihren unruhigen Kopfbewegungen, wenn sie redete, und an ihrem beherrschten, schmalen Körper — dem braunen Kostüm und der kreideweißen Bluse, den blanken, braunen Haaren — doch, sie hatte Ähnlichkeit mit einem guttrainierten Rennpferd!

Mehrmals schaute sie nervös auf die Uhr. War es meine oder ihre Zeit, die so kostbar war?

Mette war eine der vielen tüchtigen Frauen, die sich an ihrem Arbeitsplatz nicht wohl fühlen und die sich in einer Studiensituation nicht zurechtfinden, weil sie das Gefühl haben, nie hart genug zu arbeiten. Kein Lob half, kein Ergebnis war gut genug.

Sie hatte eine Routinearbeit, nahm schmerzstillende Tabletten und fehlte oft bei der Arbeit. Sie war bei einer Heilpraktikerin in Behandlung gewesen, glaubte aber, davon nur noch ärgere Kopfschmerzen zu bekommen. Mette war die »perfekte Patientin«, sie kam nie zu spät und war jedesmal schrecklich unglücklich, wenn sie krank war und einen Termin absagen mußte.

Als ich ihr erzählte, daß sie mich an ein Rennpferd erinnere, regte sie sich schrecklich auf und war beim nächsten Termin krank.

Das Rennpferd Mette versuchte, Papas Traum wahrzumachen. Der Vater hatte nie bekommen, was er sich gewünscht hatte. Er mußte sein Studium abbrechen, weil seine Freundin schwanger wurde. Er wurde ein pflichtbewußter und fleißiger Familienvater. Mette war das Kind, das die Ursache für den Studienabbruch gewesen war. Papa liebte Mette, vielleicht mehr als die beiden anderen Kinder, die in kurzem Abstand folgten. Aber seine Liebe wurde eine zu schwere Last für sie. Er wollte Mette gern helfen, sie in der Schule und beim Sport trainieren. Sie hatte ein helles Köpfchen und wollte Papa zufriedenstellen. Aber Mette war oft krank, hatte Kopf- oder Bauchschmerzen. Der Arzt konnte nie etwas finden, und Mette lernte schnell, ihre Kopfschmerzen nicht zu erwähnen. Sie blockierte. Sie wurde tüchtig.

Es war nicht länger nötig, Mette zu ermutigen oder ihr zu helfen. Sie las und trainierte ganz von allein. Sie wurde eine tüchtige Sportlerin und bekam gute Noten. Sie begann, Mathematik zu studieren, das Fach, das ihr Vater hatte abbrechen müssen.

Zuerst ging das sehr gut, aber dann bekam sie Kopf- und Bauchschmerzen. Sie wartete lange damit, einen Arzt aufzusuchen, aber eines Tages hatte sie einen Zusammenbruch und brach im Lesesaal in Tränen aus. Plötzlich konnte sie sich nicht mehr auf ihr Studium konzentrieren.

Schließlich gab sie das Studium auf, da ihr niemand helfen konnte. Sie fand Arbeit in einer Bank. Alles ging sehr gut, und alle mochten sie. Aber dann setzten Kopf- und Bauchschmerzen wieder ein. Sie suchte sich eine andere Stellung, einige Zeit verging, aber dann meldeten die Kopfschmerzen sich wieder.

Mette fühlte sich erschöpft, sie hatte das Gefühl, ihr Vater habe sie bedrängt, sie konnte das Lebensmuster, das er sie gelehrt hatte, jedoch nicht durchbrechen. Noch immer arbeitete sie viel, und als sie zur Heilpraktikerin ging, verbrachte sie zu Hause viel Zeit mit ihren Übungen, viel mehr, als die Heilpraktikerin ihr geraten hatte.

Sie wollte auch für die Behandlung bei mir arbeiten. Sie schrieb alles auf, was sie zwischen unseren Terminen dachte, und wurde wütend, als ich das nicht gut fand. Erst, als wir mit Mettes inneren Selbstgesprächen arbeiteten, geschah eine Veränderung. Und dann ging es schnell vorwärts.

Mette sprach in Worten mit sich selber, die sie, wie sie nach und nach erkannte, von ihrem Vater gehört hatte. Mette brauchte Papas Stimme nicht mehr zu hören, sie hatte seine Regeln und Normen übernommen und zu ihren eigenen gemacht. Sie war wie ihr Vater geworden, um von ihm geliebt zu werden. Mette brauchte Hilfe, um sich von Papas Forderungen zu befreien und nach ihren eigenen Wünschen zu suchen. Wir mußten auch mit den körperlichen Spannungen arbeiten, die Mette entwickelt hatte, um ihre eingesperrten Gefühle zu kontrollieren.

Viel Wut und Trauer kamen bei Mette zum Vorschein — Erinnerungen tauchten auf, die zeigten, wie oft sich das Kind

Mette gewünscht hatte, um seiner selbst willen geliebt zu werden und nicht wegen der guten Schulzensuren, so wie es ihr vorkam. In dieser Zeit wurde ihre Beziehung zu ihren Eltern viel besser. Sie hatte soviel eingeschlossene Bitterkeit für sie empfunden, aber als die nun an die Oberfläche kommen durfte, erschien auch alles Gute, was Mette zu Hause erlebt hatte. Mettes Eltern waren mit den Jahren auch klüger geworden und konnten einiges von diesem Prozeß mit ihr teilen. Aber die Abrechnung mit Mettes eigenen Regeln und Normen mußte sie in unseren Gesprächen vollziehen.

Nun ist Mette wieder an der Universität. Sie studiert — Mathematik. Aber nun hat sie das selber entschieden und studiert mit Freude.

Mette brauchte eine Psychotherapie. Ihre Gefühle waren eingesperrt, ihre Probleme so stark in körperliche Reaktionen eingebunden, daß ihre eigenen Triebkräfte und Wünsche nur schwer zu fassen waren. Sie hatte gelernt, mit dem Körper zu reagieren, wenn sie eigentlich gerne protestiert oder geweint hätte.

Aber nicht alle brauchen Gespräche mit einer Psychologin oder Sozialarbeiterin, um sich verändern zu können. Frauen können Frauen helfen. Eine Frauengruppe kann für alle in der Gruppe die Grundlage für Wachstum und Entwicklung legen. Ein wichtiges Thema in einer solchen Gruppe sollte das Verhältnis von Frauen zur Arbeit sein.

Mette ist nämlich nicht allein auf der Rennbahn. Sehr viele Frauen stellen zu hohe Ansprüche an sich selber, sie nehmen zuviel Rücksicht auf die Erwartungen anderer und fragen sich nicht, was sie selber wollen und wünschen!

In einer Fortbildungsgruppe für Krankenhauspersonal wurde oft darüber gesprochen, wie hohe Anforderungen die Arbeit stellte. Die meisten in der Gruppe kamen sich unzulänglich vor. Ich schlug vor, jede sollte jeden Tag drei Dinge finden, die sie zu Hause oder am Arbeitsplatz gut gemacht hatte. In der nächsten Woche kamen mehrere aus der Gruppe und erzählten, daß sie jetzt besserer Laune seien. »Die drei guten Dinge« hatten sie dazu gebracht, netter mit sich selber zu sprechen. Andere in der Gruppe hatten diese kleine Aufgabe vergessen und mußten mehr mit sich arbeiten. Aber hier konnte die Arbeitsgruppe ein realistischeres Verhältnis zur Arbeit finden und dadurch auch gemeinsam für bessere Arbeitsbedingungen kämpfen.

Die Arbeit mit den inneren Gesprächen kann ein ausgezeichneter Schlüssel dafür sein, der zerstörerischen Selbstkritik auf die Spur zu kommen. Wir können auch einfache Tricks anwenden, um schnell eine kleine Veränderung zu erzielen, aber wenn wir nicht mit den Dingen abrechnen, die die Selbstkritik lenken, dann fallen wir rasch in die alten Gleise zurück.

13 Das Menschenrecht auf das eigene Leben

Liebe Psychologin!
Ich liebe meine Mutter sehr und möchte ihr um nichts in der Welt wehtun. Sie hat alles für uns Kinder getan, hat uns immer auf jede Weise geholfen und unterstützt.

Meine anderen Geschwister sind verheiratet und haben Familie. Nur ich wohne noch zu Hause. Ich möchte gern eine Arbeit oder eine Ausbildungsstelle finden, aber wenn ich das versuche, schaffe ich es nicht. Ich gehe vielleicht einige Tage, höchstens ein paar Wochen zur Arbeit, dann werde ich nervös und krank und kann nicht wieder anfangen. Ein paarmal wollte ich eine Ausbildung beginnen, aber daraus wird nichts. Ich schäme mich, liege nachts wach, bin nervös, wenn ich mit anderen zusammen bin, und möchte meinen alten Freundinnen am liebsten nicht begegnen. Kann ich irgend etwas tun, um mich aus dieser Situation zu befreien?

»Junge Frau«

Liebe »Junge Frau«!
In alten Zeiten war es ganz üblich, daß eine Tochter, manchmal auch ein Sohn, unverheiratet bei den Eltern wohnen blieb, sie versorgte oder ihnen auf dem Hof oder im Geschäft half.

Auch heute kommt das noch häufig vor, wie sich herausstellt. Wer bei den Eltern bleiben will oder glaubt, das zu müssen, kann oft feststellen, daß der Preis zu hoch ist. Wenn die Eltern alt oder krank werden, kommt die Verantwortung einer schweren, unbezahlten Pflege auf sie zu.

Das kann zu einer Art erwachsenem Kinderleben führen, und viele sind wütend über ihr eingesperrtes und unfreies Dasein. Schuldgefühle und Selbstkritik sind die Folge. Wenn sie versuchen, einen Arbeits- oder Ausbildungsplatz zu finden, werden die Eltern oft unruhig und befürchten, allein zu bleiben und ihr letztes Kind zu verlieren, und einzelne Mütter oder Väter können zu wirksamen Methoden greifen, um Mut und Tatkraft bei Tochter oder Sohn zu unterminieren. Mutter oder Vater zei-

gen vielleicht deutlich, wie froh sie darüber sind, daß ein Kind zu Hause wohnt, und muntern auf diese Weise zum Bleiben auf. Das Schlimmste ist, daß die anderen Geschwister oft dazu beitragen, der, die bei den Eltern geblieben ist, den Mut zu nehmen. Es kann sehr praktisch für sie sein, daß jemand sich um Mutter oder Vater kümmert, dann brauchen sie es nicht zu tun.

Alle Menschen haben ein Leben in der Hand — ihr eigenes. Es ist ein Menschenrecht, erwachsen werden zu dürfen, einen eigenen Lebenslauf zu finden, eine Arbeit zu suchen, sich vor der eigenen Zimmertür umzuschauen. Auch für die, die einen Hof oder einen Familienbetrieb übernehmen sollen, ist es wichtig, weggehen zu dürfen, andere Erfahrungen zu machen, größere Lebensperspektive und neues Wissen zu erwerben.

Gleichzeitig ist es wichtig, die Verantwortung für unsere Eltern nicht nur dem öffentlichen Hilfsapparat zu überlassen. Es kann richtig und nötig sein, nach Hause zurückzukehren, um die Eltern während einer Krankheit zu pflegen, oder vorübergehend zu Hause zu wohnen, wenn Mutter oder Vater gestorben ist und dem überlebenden Teil zu helfen, sich der neuen Situation anzupassen.

Aber in einem Abhängigkeitsverhältnis zu Hause zu wohnen, das für die Entwicklung einer eigenen erwachsenen Identität immer lähmender wird, kann für die geistige und körperliche Entwicklung direkt schädlich sein.

Es hat keinen Zweck, zu versuchen, die Dinge selber zu verändern. Wer mehrmals den Ausbruch versucht hat und gescheitert ist, verliert die letzten Reste an Kraft und Willen, die Lage zu verändern. Und ungerechterweise geraten solche Menschen schnell in den Ruf, verantwortungslos, egoistisch oder zu wenig erwachsen zu sein. Und dann fällt es ihnen noch schwerer, auszubrechen.

Wer in so einer abhängigen Lebenslage gelandet ist und die Konsequenzen rechtzeitig entdeckt hat, muß außerhalb der Familie Unterstützung und Hilfe suchen. Oft kann es zum Beispiel nötig werden, bei der Sozialberatung, einem Arzt oder vielleicht einer Krankenschwester Hilfe zu suchen.

Manchmal gibt es ein Familienmitglied, das nicht die Meinung der anderen teilt und das die nötige Hilfe zur Veränderung bieten kann. Vielleicht gibt es auch eine Nachbarin, eine Freundin oder einen Freund, die Ermutigung und praktische Hilfe geben können.

Das Problem für eine Person, die sich aus einem geschlossenen Lebensmuster befreien will, sind die widersprüchlichen Gefühle, die Selbstkritik und der Zweifel. Ich rate Menschen in einer solchen Situation zum Ausbruch. Aber gleichzeitig weiß ich, daß die Menschen nicht jeden guten Rat beherzigen. Dafür gibt es viele Gründe: Sie können von der Rücksicht auf die Familie gebunden sein, der gute Rat gefällt ihnen nicht — auch wenn sie ihn im Grunde für richtig halten und selber schon genauso gedacht haben. Im tiefsten Herzen mögen sie keine Einmischung...

Aber Klagen hat keinen Sinn, wenn Sie nichts gegen Ihre Unzufriedenheit tun. Werfen Sie Ihr Leben nicht weg!

Liebe Grüße, die Psychologin.

14 Das Leben auf dem Lande

Liebe Psychologin!
Mein Problem ist, daß ich mich an Händen und Füßen gefesselt fühle. Mein Mann und ich haben einen Hof. Dieser Hof ist schon seit Generationen in seiner Familie. Ich selber komme von einem Hof in einem anderen Dorf, aber ich habe einige Jahre in der Stadt gearbeitet, ehe ich meinen Mann kennenlernte. Nun habe ich das Gefühl, daß unser Leben nur noch vom Hof handelt. Ich finde, wir beide haben kaum Kontakt miteinander. Wir reden nur über den Hof und die Kinder. Ich glaube, ich empfinde gar nichts mehr für ihn. Dagegen richten sich meine Gedanken und Gefühle an einen anderen Mann in unserem Dorf. Auch er hat einen Hof. Wir kennen uns von früher und hatten ein Verhältnis, als wir beide sehr jung waren. Wir haben uns bei einem Lehrgang kennengelernt. Aber er hat ihn abgebrochen und den elterlichen Hof übernommen. Damals wollte ich nur in die Stadt gehen und mir eine Arbeit suchen. Er hat nicht geheiratet. Er pflegt seine alte kranke Mutter. Nun kann ich meine Gedanken nicht von ihm abwenden. Wir sehen uns manchmal beim Volkstanz und ähnlichen Gelegenheiten, aber mehr passiert nie. Oft erwäge ich, mich scheiden zu lassen und zu ihm zu ziehen, aber ich weiß, daß er das nicht will. Er hat gesagt, daß die Rücksicht auf seine Mutter und der Dorfklatsch das unmöglich machen würden.
Bauersfrau

Liebe Bauersfrau!
Ich habe schon öfter Briefe von Frauen in einer ähnlichen Situation bekommen. Sie haben Ihr eigenes Dorf verlassen und sich ein wenig von den strengen Regeln für Takt und Ton, die dort herrschten, befreit. Sie haben Wünsche und Bedürfnisse, die zum modernen Frauenleben gehören, und Sie stellen fest, daß diese Bedürfnisse in Ihrem Leben als Bauersfrau nicht befriedigt werden. Sie schreiben auch, daß Sie sicher sind, daß Ihr Mann Sie liebt, daß er das im Alltag aber so selten zeigt und daß Ihr Sexualleben spärlich und schlecht ist. Oft sind sie abends zu müde und körperlich erschöpft.

Viele Frauen beginnen in einer solchen Situation, von einem anderen Mann zu träumen oder stürzen sich in ein heimliches Verhältnis. Aber das ist in der durchsichtigen Dorfgesellschaft nicht so leicht. Noch mehr Frauen verbringen sehr viel Zeit damit, von einem Mann zu träumen, der so an seine Mutter gebunden ist, daß er nie heiratet, sondern bei ihr wohnen bleibt oder sie dauernd besucht. Solche Träume können schön und sicher sein, denn sie werden nie Wirklichkeit, aber auf die Dauer sind sie unbefriedigend.

Der Traum wird zur Flucht vor mir selber und den Herausforderungen zu persönlichem Wachstum und zu einer Entwicklung, vor die ich als Mensch gestellt werde. Ich kann in mein Traumreich fliehen und meine Möglichkeiten, Fähigkeiten und meine Verantwortung besser zu nutzen, vergessen. Der Traum wird auch eine Flucht vor der Ehe. Ich lasse meine schlechte Ehe im alten Gleis weiterlaufen, stelle mich den Konflikten nicht und wage den Kampf nicht, die Verhältnisse zu verändern. Wem ist mit dieser Lebensform gedient? Den Kindern jedenfalls nicht.

Bekommen Sie Ihr Leben in den Griff und überlassen Sie die beiden Männer für eine Weile sich selber. Hören Sie auf Ihre eigene innere Stimme. Legen Sie sich ein Tagebuch zu. Notieren Sie Ihre Gedanken und Träume, Auszüge aus Zeitschriften oder Büchern, die Ihnen gerade etwas sagen. Machen Sie sich eine Kassette mit Ihrer Lieblingsmusik. Besuchen Sie »Ihre« Menschen und führen Sie neue Gespräche mit ihnen, um eine engere Beziehung zueinander zu bekommen. Benutzen Sie in der Natur Ihre Augen und Ohren besser, suchen Sie sich einen Lieblingsplatz, wenn Sie nicht schon einen haben. Einen Ort, den nur Sie kennen. Dieser Ort soll Ihr fester Punkt sein, ein Platz, an dem Sie mit Ihren eigenen Gedanken zur Ruhe kommen können. Beschaffen Sie sich Zeit. Wechseln Sie sich mit anderen Bäuerinnen ab, hüten Sie füreinander Kinder, schicken Sie Mann und Kinder zum Essen zueinander, oder was sich gerade einrichten läßt. Die Bäuerin sollte, wenn möglich, auch ihr eigenes Zimmer haben. Mit Platz für ganz eigene Dinge, der Hof soll das Leben nicht restlos dominieren.

Wenn Sie festeren Boden unter den Füßen gefunden haben,

ist es Zeit, den Kampf um eine bessere Ehe aufzunehmen und einen Schritt in die Gesellschaft draußen zu tun.

Denn viele Frauen versinken in einer Situation wie Ihrer in Mutlosigkeit und Depression. Dann gehen sie zum Arzt und der verschreibt ihnen leider viel zuoft Beruhigungsmittel. Zum Glück gibt es andere Möglichkeiten.

Das heutige Dorf bietet viele spannende Möglichkeiten für Frauen. Sie können in einen Frauenverein eintreten, ins Rote Kreuz, den Sanitätsverein oder den Hausfrauenverein. Von dort führt ein gerader Weg in die Gemeindeleitung, wenn Sie erst etwas Training haben. Ihr Mann wird auch gezwungen sein, sich ein wenig zu verändern — wenn das Essen nicht mehr automatisch auf dem Tisch steht. Er wird noch zu hören bekommen, daß er eine tolle Frau hat, die klug ist und mehr kennt als nur ihren eigenen Hof. Die Schulen Ihrer Kinder brauchen vielleicht Eltern, die Lust haben, eine moderne und spannende Elternarbeit zu entwickeln. Ja, vielleicht braucht das Dorf ein Jugendzentrum oder der Mädchenfußballverein eine Trainerin?

Zurück zu Ihrer Ehe. Sie müssen Ihren Mann dazu bringen, daß Sie einander neu entdecken. Suchen Sie die Fotos aus der Zeit, als sie sich kennengelernt haben, heraus. In welche Eigenschaften haben Sie sich damals verliebt? Blicken Sie in den Familien- und Dorftraditionen zurück, aus denen Sie kommen. Was ist gleich und was unterschiedlich? Wer bestimmt bei Ihnen die Regeln für den Alltag? Haben Sie kritiklos eine Form des Zusammenlebens übernommen, die Sie zu Hause gelernt haben? Beziehen Sie die Kinder in die Arbeit ein, eine Familie zu schaffen, die *heute* lebt!

Vielleicht binden Sie Normen und Regeln aus Ihrer eigenen Familie? Wagen Sie es, sich so zu zeigen, wie Sie sind? Ihre Wut, Ihre Freude, Ihre sexuellen Bedürfnisse? Wissen Sie, daß Männer gerne verführt werden? Ich glaube, Ihr Mann fühlt sich einsam und hat Angst, Sie zu verlieren. Deshalb erstarrt er und versteckt sich im Gerede über den Hof. Trauen Sie sich wirklich, sich ihm zu nähern? Vielleicht haben Sie Angst vor der Liebe? Angst davor, menschlich nackt und verletzlich zu werden. Viele Frauen beklagen sich über kalte und gefühllose Männer, und dann stellt sich heraus, daß sie sich selber vor der

Sexualität fürchten, vor Nähe und menschlicher Bindung. Es paßt ihnen hervorragend, um sich andere Menschen vom Leibe halten zu können. Sind Sie eine von ihnen? Ja, dann sollten Sie weiterträumen. Das ist gut und sicher. Aber wenn Sie sich ein fruchtbares Frauenleben wünschen, dann müssen Sie heute mit der Veränderungsarbeit anfangen.

Viel Glück!

Liebe Grüße, die Psychologin.

15 Glauben Sie an Ihren Wert!

Kari ist sympathisch, witzig und eine gute Mitarbeiterin. Trotzdem macht sie sich im Zusammensein mit anderen kleiner als sie ist. Denn sie hat ein altes Bild von sich, das ihr sagt, daß sie in den Augen ihrer Umgebung wenig wert ist.

Es klopft an meiner Tür, dann wird sie geöffnet und eine kleine Frau schlüpft herein.

»Hast du einen Moment Zeit?« Die Augen sind fragend und unsicher, der Körper macht sich noch kleiner. Die schwarzen Haare sind kurzgeschnitten und Pullover und Faltenrock ohne eine Spur von Phantasie oder Freude.

Kari ist schon oft so gekommen, um mich etwas zu fragen. Niemals hat sie um mehr Zeit gebeten, niemals einen Termin gemacht, obwohl wir oft zusammenarbeiten. Ich beschließe, daß es jetzt, gerade heute, einmal zuviel ist. Ich kann nicht länger zusehen, wie sie sich kleinmacht.

»Kari, setz dich doch. Ich will dir etwas sagen.« Kari setzt sich auf eine Stuhlkante.

»Ich will nicht länger mitansehen, wie du dich kleinmachst. Es ist sehr lange her, daß du nichts konntest und nichts wert warst. Du brauchst nicht um Entschuldigung für deine Existenz zu bitten. Nun verabreden wir uns für das nächste Mal, dann haben wir mehr Zeit. Es tut weh, dich kriechen zu sehen, und wir reden nie richtig miteinander.«

Kari sieht mich verblüfft an, aber sie bemerkt meine eifrige Miene und begreift, daß ich nur ihr Bestes will. Sie lacht.

»Du hast recht, Berit.«

»Ja, du weißt unheimlich viel, und es ist witzig und nett, mit dir zu reden. Du bist eine gute Mitarbeiterin. Du mußt anfangen, dich über das zu freuen, was du kannst.«

»Ich bin froh, daß du das sagst.« Sie lächelt mich warm an, und wir greifen zu unseren Terminkalendern und treffen eine Verabredung.

Das kleine Gespräch geht mir für den Rest des Tages nicht aus dem Kopf. Nicht zum erstenmal habe ich gesehen, wie eine

Frau sich kleinmacht oder in einer Diskussion oder bei einer Besprechung kleiner wird. Eine lebenserfahrene und kluge Frau kann trotzdem stumm und klein werden, wenn jemand anders kräftig loslegt oder Meinungen und Ideen vorträgt, die mit ihren nicht übereinstimmen.

Erkennen Sie sich wieder, liebe Freundin? Leider benehmen viele Frauen sich so wie Kari. Deswegen wird den Ansichten, Kenntnissen und Ideen von Frauen nicht der Platz eingeräumt, den sie an der Arbeitsstelle und in der Gesellschaft haben sollten.

Warum ist es so?

Sich auf eigene Meinungen zu verlassen, zu wagen, sie vorzutragen, muß wie alles andere gelernt werden, zum Beispiel wie Radfahren. Wenn Sie das erst gelernt haben, kann es leicht und lustbetont werden wie eine Radtour auf flachen Straßen im Sonnenschein. Mir fällt es leicht, Ideen und Meinungen zu vertreten, Radfahren dagegen finde ich schwierig. Ich habe es niemals richtig gelernt. Außerdem gerate ich leicht aus dem Gleichgewicht.

Kindern fällt Lernen schwer, für Erwachsene ist es schwieriger. Es gibt zwar viele Erwachsene, zu Hause und in der Schule, die zu hohe Anforderungen an Kinder stellen, aber Kinder können es sich leichter als Erwachsene erlauben, erfolglos zu sein.

Als Erwachsene versuche ich in weit höherem Maße, zu verheimlichen, was ich nicht kann. Ich habe größere Angst davor, etwas Neues zu versuchen, nehme mich selber sehr ernst und schäme mich oft mehr, wenn ich keinen Erfolg habe. Deshalb lebe ich als Erwachsene zu vorsichtig. Ich halte mich an das Vertraute, Sichere und wage mich nicht auf unbekanntes Terrain. Ich mache lieber das, was ich gut kann, immer wieder, auch wenn es schließlich zur langweiligen Routine wird.

Ein weiterer Grund dafür, daß ich als Erwachsene vorsichtig bin, hängt mit meinem Selbstbild zusammen. Mein Selbstbild trage ich wie eine alte Fotografie im Kopf. Dieses Bild wird in meiner Kindheit und Jugend in mir geschaffen, im Zusammenspiel mit Familien, Schulkameradinnen und Kameraden, mit der Nachbarschaft. Durch dieses Zusammenspiel erfahre ich, ob ich tüchtig oder dumm bin, lieb oder frech, schön oder weniger schön. Ich entwickle eine Beziehung zu mir und meinem

Körper, bekomme eine Einschätzung meines Wissens und meiner Denkfähigkeit.

Aber das Traurige ist, daß dieses Bild zu wenig von meiner Erfahrung und meinem Wissen als Erwachsene beeinflußt wird. Deshalb kann Kari, die fast 50 ist, noch immer das Bild von sich als hilfloser, dummer Frau mit sich herumschleppen, die in den Augen der anderen nichts wert ist. Während wir, die wir mit ihr zusammenarbeiten, einer hilfsbereiten, klugen und fähigen Kollegin begegnen.

Ich werde Kari sicher mehrmals an unser Gespräch erinnern müssen, ehe sie damit anfangen kann, bei mir und anderen ihren rechtmäßigen Platz einzunehmen. Das alte Selbstbild sitzt in uns allen fest. Ich habe auch so ein Bild von mir. Ein großer, klotziger Elefant, unbeholfen, häßlich und hektisch. Eine Person, die immer außerhalb der Gemeinschaft steht und die kein Mann mag. Wenn ich mich im Spiegel oder auf einem Foto sehe — oder höre, was andere sagen —, dann weiß ich, daß es sehr lange her ist, daß ich ein unbeholfener Backfisch war. Trotzdem kann dieses Bild noch immer in mir auftauchen und mich unsicher und deprimiert machen.

Deshalb brauche auch ich eine Kollegin oder eine Freundin, die mich heute sieht und daran erinnert, wer ich geworden bin.

Viele von uns schleppen solche alten Bilder mit sich herum. Wir haben früher in unserem Leben Unsicherheit oder Unzulänglichkeit erlebt, und das hat unser Selbstbild geformt. Von außen können wir sicher und zufrieden aussehen, aber plötzlich kann uns der Boden unter den Füßen weggerissen werden und die alte Unsicherheit an die Oberfläche kommen.

So ist es auch mit Kari. Vor meiner Tür geschieht etwas mit ihr. Sie wird unsicher, ob ich Zeit und Interesse für sie habe, ob ich mit unserer Zusammenarbeit zufrieden bin — und entsprechend benimmt sie sich.

Ich selber bin vielleicht ab und zu zu schroff mit ihr. Ich zeige ihr nicht deutlich genug, wie sehr mir die Zusammenarbeit mit ihr gefällt, und trage dazu bei, ihre Unsicherheit zu wecken. Das will ich jetzt korrigieren, damit sie sieht, daß ich unser Gespräch ernstgemeint habe.

16 Warum kommen wir nicht durch?

Eva möchte mit mir über Probleme mit ihrer Arbeit sprechen. Sie arbeitet in einem Sozialamt und ist schon ein paarmal bei mir gewesen. Ich sehe Eva an, während sie erzählt. Ihre üblichen farbenfrohen Kleider hat sie durch braune Hose und Rollkragenpullover ersetzt. Ihre kurzen, blonden Haare wirken leblos. Sie ist erschöpft, das ist klar, und hier bei mir wagt sie es, die kesse Maske, hinter der sie sich sonst verbirgt, fallenzulassen.

»Frauen sind in vielen Zusammenhängen zu schwach. Sie kommen nicht durch, werden nicht gehört«, meint sie.

»Du meinst, *du* kommst nicht durch und wirst nicht gehört«, korrigiere ich. Plötzlich stehen Evas Augen voller Tränen.

»Bei wichtigen Besprechungen mit Chefs oder Politikern bin ich oft wie gelähmt«, stottert sie. »Fühle mich kraftlos und schwach.«

»Du verlierst den Kontakt zu deinem Willen?«

Eva ist zuerst gereizt, begreift den Unterschied nicht. Aber nach und nach geht ihr ein Licht auf.

»Ja, das stimmt! Ich weiß ja, was ich sagen will und was ich meine, aber die Kraft, es auszudrücken, scheint zu verschwinden.«

»Sie wird abgesperrt, ja. Es geschieht etwas in dir, das dazu führt, daß du dein Selbstvertrauen verlierst. Du wirst unsicher und fängst an, daran zu zweifeln, daß dir jemand zuhören wird. Deshalb verstummst du oder wirst zu stur oder aufdringlich, und dann weisen dich die Menschen, mit denen du verhandelst, vielleicht ab.«

Dieses Gespräch endete damit, daß Eva versuchen wollte, sich und ihre Gefühle etwas besser kennenzulernen und die Ursache für ihr unzuverlässiges Selbstvertrauen zu finden. Es führte unter anderem dazu, daß sie eine Woche in ihrem Heimatdorf Urlaub machte. Ihre Eltern waren beide tot, aber sie besuchte Verwandte, zwei Freunde ihrer Eltern, Schulkameradinnen und eine Lehrerin, die sie in der Schulzeit sehr unterstützt hatte. Eva suchte in ihrer Jugend die Antwort und beschäftigte sich immer mehr mit ihrer Mutter und den anderen Frauen in der Familie. Die Mutter war Lehrerin gewesen. Eine Erinnerung an zu Hause gab Eva einen wichtigen Schlüssel zu ihren Reaktionen.

Die Familie saß am Mittagstisch: Mutter und Vater, Eva und ihre beiden älteren Geschwister. Die Mutter erzählte empört über einen Schüler, der von der Schule verwiesen werden sollte. Sie hatte versucht, den Jungen zu verteidigen, hatte aber kein Gehör gefunden. Der Vater lachte herablassend und machte sich über sie lustig. Er nannte sie wirklichkeitsfern. Eva versuchte, ihre Mutter zu unterstützen, wurde aber von den älteren Geschwistern unterbrochen, die dem Vater zustimmten. Die Mutter verließ den Tisch und ging ins Schlafzimmer. Eva schämte sich darüber, ihr nicht helfen zu können, war aber auch böse auf sie, weil sie so schwach war.

Manche im Dorf konnten Eva ähnliche Episoden erzählen. Sie sprachen auch darüber, wie ähnlich Eva und ihre Mutter sich waren, wie sie immer für die Schwachen Partei ergriffen. Einige erzählten das bewundernd, andere mit einem Unterton von Ironie in der Stimme.

Es fiel Eva leicht zu erkennen, daß sie dieselbe Mischung von Mut und Schwäche hatte wie ihre Mutter. Aber sie entdeckte auch, daß sie als Erwachsene ein ganz anderes Leben geführt hatte. Unter anderem war Evas Mann ihre beste Stütze. Sie stellte deshalb fest, daß der Konflikt veraltet war und daß sie sich daraus befreien konnte.

Dieses neue Wissen wandte sie im Beruf an. Sie wußte, daß viele andere Frauen dasselbe Problem hatten, und sie fingen an, gemeinsam zu trainieren. Sie sprachen darüber, wie sie ihre Stimmen gebrauchten. Redeten sie zu leise und unsicher? Was hatten sie als Kinder sagen und tun dürfen? Sie fanden Vorbilder, Frauen, von denen sie lernen konnten.

Eva teilt ihr Problem mit vielen anderen Frauen. Diese seltsame Mischung aus Stärke und Schwäche, aus Mut und Feigheit, aus Selbstvertrauen und Zweifeln ist vielleicht eines der größten Handicaps, mit denen Frauen kämpfen. Auch Frauen, die selbstsicher aussehen und die bei größeren Versammlungen entspannt und ruhig auftreten, erzählen dieselbe Geschichte. Wir können sagen, daß ein *unstabiles Selbstvertrauen* typisch für sehr viele Frauen ist.

Das hängt sicher damit zusammen, daß *widersprüchliche Anforderungen* an uns gestellt werden. Noch immer gibt es Vorurteile gegen starke, mutige Frauen. Männer und Frauen können sehr kritisch sein, wenn eine Frau in der Öffentlichkeit das Wort ergreift oder auf andere Weise Willenskraft und Stärke zeigt. Auch die *Vorbilder*, die wir aus Familie oder Gesellschaft mitgebracht haben, sind widersprüchlich. Mutige, kraftvolle Frauen haben oft ein schwieriges Leben geführt, haben Mißerfolg und Schmerzen erlebt. Das kann erschreckend wirken.

Wir Frauen werden dazu erzogen, uns mehr um andere Menschen zu kümmern. Wir achten auf die Reaktion der anderen und konzentrieren uns darauf, wie sie uns sehen. Wir sind von der *Antwort der anderen* abhängig.

Um größere Stärke und mehr Mut zu gewinnen, müssen wir mit diesem Muster brechen, nach dem zu leben wir gelernt haben, und müssen in unserer und in der gemeinsamen Geschichte der Frauen suchen. Wir müssen in den unsichtbaren Sack früherer Erfahrungen schauen und auf die Gespräche *unserer* Familien am Mittagstisch zurückblicken, auf die Musik, die wir gehört, Filme, die wir gesehen und Bücher, die wir gelesen haben. Wir müssen Freunde und Freundinnen aus jener Zeit und unsere Verwandten besuchen. Es hat nämlich keinen Zweck, allein zu suchen, da die Vergangenheit oft Schmerzen und Unruhe enthält, die wir gerne ausbügeln und beschönigen. Wir brauchen Augen und Gedächtnis der anderen.

Die Schriftstellerin Gerd Brantenberg hat ein Buch über das Heranwachsen von Mädchen geschrieben. Es ist eine gute Anregung zum Forschen im eigenen Leben und heißt: »Mädchenwelten«.

17 Nehmen Sie den Kampf gegen die Selbstkritik auf, benutzen Sie diese Methode

Fast in jedem Brief, in jedem Gespräch, das ich mit Frauen führe, ist Selbstkritik ein Problem. Frauen wissen, daß sie sehr selbstkritisch sind, aber sie wissen nicht, wie sie ein besseres Verhältnis zu sich bekommen sollen. Sie wissen auch nicht so recht, wie zerstörerisch die Wirkung der Selbstkritik sein kann, wie stark sie zu Depressionen und Angstproblemen von Frauen beiträgt. Auch in den sexuellen Problemen von Frauen spielen oft Selbstkritik und das schlechte Verhältnis zum eigenen Körper eine entscheidende Rolle.

Ich werde hier eine Methode beschreiben, die aus einem Bereich der psychologischen Behandlung stammt, die wir kognitives Training nennen. Kognitives Training umfaßt Methoden, die die Gedankenwelt der Menschen, wie wir uns selber sehen, welche vorgegebenen Meinungen wir haben, welche Auffassung wir uns von den Problemen machen, mit denen wir zu kämpfen haben, verändern sollen. Diese Methoden versuchen nicht zuletzt, in den inneren Dialog einzugreifen, in die Diskussion, die jeder Mensch mit sich selber führt. Und es ist eine Diskussion, die leicht zu einem inneren Gericht wird, das mich verurteilt, weil ich nicht lieb genug, nicht schön genug, nicht tüchtig genug bin, mich nicht genügend um Mann und Kinder kümmere usw.

Zum Glück stellt sich heraus, daß die Methoden dieser Behandlung sehr erfolgreich sein können, und einige davon kann ich allein anwenden. Hilfe und Unterstützung sind aber trotzdem das Beste. Ja, warum sollten Sie diese Methoden nicht mit Ihren Freundinnen ausprobieren und sich gegenseitig helfen?

Zuerst stellen Sie fest, welche negativen Dinge Sie zu sich selber sagen, indem Sie zwei Wochen lang Tagebuch führen. Wenn Sie trainieren, auf Ihre innere Stimme zu horchen, werden Sie Kritiken hören, die sich immer wiederholen. Alles, was Sie hören, schreiben Sie auf. Aber anfangs machen Sie nur das, sonst leben Sie wie gewohnt.

Dann schreiben Sie die Liste all dessen, was Sie zu sich selber sagen, ins Reine. Sie nehmen einen großen Bogen und falten ihn dreimal, so daß Sie drei »Spalten« erhalten. In die linke Spalte schreiben Sie alles Negative, was Sie sich sagen. In die mittlere Spalte schreiben Sie, wo Sie das gelernt haben. Die negativen Dinge, die wir zu uns selber sagen, stammen oft aus früheren Situationen in unserem Leben, vielleicht war es die Lehrerin in der Volksschule. Zu mir sagte sie zum Beispiel: »Du bist sehr

unordentlich, Berit.« Aber auch meine Schwester, mein Bruder, ein oder beide Elternteile können diese erzieherische Rolle übernommen haben. Vielleicht habe ich es auch später im Leben gelernt, wenn ich mich mit anderen verglichen habe, oder eine geliebte Person, ein Ehemann oder eine Arbeitskollegin hat es gesagt, und ich habe es als Wahrheit über mich akzeptiert.

Ehe ich die dritte Spalte beschreibe, muß ich entscheiden, ob meine Bindung an andere Menschen, meine Loyalität, wichtiger sein soll als ich selber. Das heißt: Soll ich andere Menschen

Regeln und Normen dafür, wie ich sein soll, nach welchem Standard ich leben soll, festsetzen lassen?

Wenn diese Methode glücken soll, müssen Sie sich dafür entscheiden, *jetzt* zu leben, nach den Regeln und Normen, die jetzt zweckmäßig sind, und sich mit den Eigenschaften und Fähigkeiten vertraut machen, die Sie heute haben, nicht damals, als Sie zur Schule gingen oder noch bei Ihren Eltern wohnten. In der dritten Spalte sollen Sie nämlich eine positive Bewertung vornehmen. Das heißt, eine Veränderung der selbstkritischen Aussagen, damit die Eigenschaften, die darin genannt werden, eine neue Bedeutung bekommen.

Nehmen Sie mein Beispiel: »Du bist sehr unordentlich, Berit.« Ich sage mir das oft, wenn ich sehe, daß mein Wohnzimmer und vielleicht sogar meine Küche von Papieren nur so überquellen. Aber das führt nur dazu, daß ich matt und genervt werde und ganz schnell weggehe. Meine Lehrerin wußte nicht, daß ich meine Hefte immer vergaß, weil ich keine Aufgaben machen wollte, denn dann wurde ich zu tüchtig und die anderen verspotteten mich als Liebling der Lehrerin. Ich war traurig und einsam und zu Hause fand ich zu wenig Hilfe, weil alle dachten, ich käme schon allein zurecht. Außerdem — das ist mir heute klar — war ich dickköpfig und eigen und ließ mir nicht leicht helfen.

Heute bin ich nur in wenigen Dingen unordentlich, aber immer noch mit meinen Papieren. Allerdings sind die nicht so unordentlich, wie sie aussehen. Meine Psychologinnenkorrespondenz liegt in ihrem Karton, Notizen für Gedichte in einem Ordner, Artikel in einem anderen. Aber Zeitungen, Zeitschriften, Reklame, Terminzettel, Rechnungen türmen sich auf. Das ist mein Selbstkritikprojekt. Solange ich mir selber sage, daß ich unordentlich bin, bleibe ich das auch. Vielleicht ist das, was ich jetzt schreibe, mein erster Schritt auf dem Weg zur Veränderung. Also schreibe ich in die dritte Spalte: »Du hast viele Ideen und sammelst wichtige Zeitungsartikel, nimmst an wichtigen Sitzungen teil und schreibst gute Artikel. Versuch, das alles irgendwie zu ordnen.«

I. Was sage ich zu mir?	II. Woher habe ich das?	III. Positive Umwertung
Mein Beispiel: Ich bin unordentlich	Die Lehrerin hat es in der Schule gesagt	Du hast gute Ideen und sammelst wichtige Sachen usw.

Ich kann Ihnen versprechen, daß es sich hier nicht um eine leichtfertige »Positiv-Denken«-Methode handelt. Mit jedem Punkt muß sorgfältig gearbeitet werden. Es kann schmerzlich und aufwühlend sein, mit der Selbstkritik abzurechnen, aber ich kann Ihnen garantieren, daß Sie danach froher und selbstsicherer sein werden.

Für den Anfang könnten Sie ein schön eingebundenes Büchlein kaufen. Dann schreiben Sie drei Dinge (oder mehr) hinein, die Sie heute getan haben und mit denen Sie zufrieden sind. Es müssen mindestens drei sein. Am Ende jeder Woche lesen Sie in diesem Büchlein und machen Ihre Wochenabrechnung. Sie haben viele liebevolle, witzige, kluge, schlaue, phantasievolle, fürsorgliche, erfinderische, liebe, gute, notwendige, erklärende, grenzenziehende, selbstrepräsentierende Dinge gemacht! Lernen Sie, ein wenig mit sich selber anzugeben, statt so viel über alles zu klagen, was Sie nicht schaffen und was Sie tun sollten oder müßten.

18 Was können wir von den Frauen auf dem Fußballplatz lernen?

Ich war neun Jahre alt, als mein Vetter mich mit dem Fußball mitten im Gesicht traf. Die Tränen flossen und das Nasenblut strömte. Er grinste höhnisch: »Schlechte Verliererin, schlechte Verliererin!«

Seitdem habe ich Angst vor Bällen. Deshalb wurde ich im Sportunterricht in der Schule auch immer als Letzte gewählt. Das machte die Sache nicht besser.

Aber als Erwachsene habe ich eingesehen, daß wir vom Ballspiel viel lernen können. Als die Fußballerinnen im Spiel gegen Schweden wie die Sputniks über den Fußballplatz sausten, war ich dabei. Ein Freund hatte mich dazu eingeladen — er fand, ich als Psychologin sollte unsere Fußballerinnen in Aktion sehen. Auch unsere Regierungschefin war dort. Sie weiß, daß die Fußballfrauen eine gute Inspiration für die Gleichberechtigung in Norwegen sein werden.

Als erstes entdeckte ich die totale Furchtlosigkeit. Hier schonte sich keine; blaue Flecken oder wehe Waden gehörten mit zum Spiel. Aber die Frauen waren auch so weich wie Katzen. Es ging nicht darum, um jeden Preis aufrecht zu bleiben. Nach harten Zusammenstößen rollten oft zwei Frauen wie die Bälle davon.

Aber es gab auch Fürsorge. Wenn eine zusammengekrümmt liegenblieb, tauchte sofort eine hilfreiche Hand auf und fuhr beschwichtigend über Schultern oder Haare.

Als nächstes bemerkte ich den totalen Einsatzwillen. Alle Vorsicht und Zurückhaltung waren über Bord geworfen. Hier gab es volle Kraft, Glut und Temperament. Hier gab es keine verlorenen Chancen, Trödelei oder Vorsichtigkeit.

Aber das wichtigste war das gute Zusammenspiel in Verteidigung und Angriff. Jede Spielerin war Teil einer Einheit. Alle erwarteten Hilfe voneinander, und die Hilfe gab es immer. So war es auch bei den Schwedinnen. Ich dachte an Frauen im Beruf und das fehlende Zusammenspiel, was oft so typisch ist. Die

Unterstützung kommt bei Frauen oft erst später — wenn der Kampf um eine wichtige Sache verloren ist. Aber hier wurde zusammengespielt.

Am spannendsten fand ich vielleicht die Bedeutung des Einsatzes jeder einzelnen. Viele schwierige Situationen wurden durch elegantes Dribbeln, ein ausgefuchstes Manöver oder einen schnellen Kopfball gerettet. Als Trude Stendal ein Tor schoß, zeigten die anderen volle Begeisterung und Trude kannte keine falsche Bescheidenheit. Ganz anders als der bei Frauen übliche Stil: sich selbst kleiner machen als sie sind. Wie gesagt, es gibt viel zu lernen. Besorgt euch einen Ball und fangt mit dem Training an, Mädels. Wir müssen stärker werden.

Aber ich habe die Kapitänin vergessen. Und das ist eigentlich kein Wunder. Die Kapitänin tat ihre Arbeit und war deshalb nicht besonders auffällig. Sie hielt die Elf zusammen. Zwischen ihr und den anderen Frauen vollzog sich zwar eine eifrige Signalsprache, aber für das Publikum war das kaum zu bemerken. Ein kurzer Wink. Ein schnelles Lächeln, etwas hilfreiche Fußarbeit in einer kritischen Situation, aber vor allem aktive Teilnahme an Planung, Unterstützung und Ermunterung.

Viele Chefinnen hätten hier viel lernen können. Sie tat ihre Arbeit, mehr aber auch nicht. Hier gab es keine Spur von der Mamachefin, der strengen Lehrerin oder der Märtyrerin voller Selbstmitleid, die alles selber machen will. Hier gab es nicht zuviel Kontrolle und keine eiserne Hand. Aber es gab auch keine Zaghaftigkeit oder Untertreibung von Verantwortung und eigener Bedeutung. Ja, wirklich: Jede Frau auf dem richtigen Platz in der Gruppe, mit voller Handlungsfreiheit innerhalb des Ganzen und mit großem Respekt vor den Spielregeln. Sport vom Besten.

Aber hinter diesem Ergebnis stecken natürlich auch Arbeit und viel Geld. Das dürfen wir nicht vergessen. Nicht viele Frauen haben solche Entwicklungsmöglichkeiten.

Ich habe gesagt, wir könnten viel lernen. Ich bin seit vielen Jahren Lehrerin und Anleiterin im Gesundheits- und Sozialbereich. Gleichzeitig habe ich am Zusammenspiel an Arbeitsplätzen teilgenommen, wo Frauen die große Mehrzahl bildeten. Deshalb meine ich, daß wir Frauen gemeinsames Spiel und Zusammenarbeit, einander Handlungsfreiheit einzuräumen und Respekt vor dem Einsatz der einzelnen zu zeigen, nicht nur lernen können, sondern lernen müssen. In dieser Hinsicht können wir auch von unseren Kollegen sehr viel lernen.

An Frauenarbeitsplätzen gibt es allerdings viel Zuwendung. Dort ist es leicht, unglücklich zu sein. Genug Trösterinnen stehen bereit. Genug Zuhörerinnen für triste Geschichten über schwierige Ehemänner. Es ist leicht, gemeinsam über unmögliche Arbeitsbedingungen zu klagen, etwas daran zu ändern ist da schon bedeutend schwieriger. Schwachsein ist erlaubt, denn es gibt genug Frauen, die sich um Sie kümmern wollen, aber es ist nicht so einfach, das zu tun, was Sie gut können. An Frauenarbeitsplätzen gibt es viel Wärme, aber oft zu wenig frische Luft und scharfe Diskussion. Es gibt viele selbstgebackene Kuchen, hübsche Vorhänge und gepflegte Topfblumen. Oft gibt es auch zuviel harte Arbeit und Pflichtgefühl. Aber zu wenige ziehen Grenzen und sagen *nein* zu unmöglichen Chefs.

Wir haben ein sehr gutes Arbeitsschutzgesetz, ein Werkzeug, das sich im Kampf um veränderte Arbeitsbedingungen am einzelnen Arbeitsplatz verwenden läßt. Aber zu wenig Frauen kennen dieses Gesetz und wissen, worum es dabei geht.

Nun flüchten die Frauen von den traditionellen Frauenarbeitsplätzen. Krankenhäuser, Kindergärten und Schulen verlieren ihre Arbeitskräfte. Die jungen Mädchen treten nicht in die Fußstapfen ihrer Mütter, trauen sich aber auch nicht so recht in die traditionellen Männerberufe.

Sie sollten lieber den Kampf aufnehmen und ihre eigenen Arbeitsbedingungen verändern. *Viele* Frauen sind gemeinsam *starke* Frauen. Zum Glück schweben neue Töne durch die Luft. Frauen sind in der Gesellschaft in vielen Gebieten im Vormarsch. Aber es ist Platz für viel mehr.

Die Frauen auf dem Fußballplatz haben das Spiel gewonnen. Aber dahinter steckte ein harter Einsatz. Es gab auch eine Trainerin, die wußte, wie sie Einsatzbereitschaft und Kampfesglut schüren konnte. An den Arbeitsplätzen müssen wir miteinander trainieren. Aber auch dort können wir von anderen Frauen lernen. Außerdem gibt es viele Vorbilder, die uns Mut und Kraft vermitteln können.

Ich meine jetzt nicht, daß Frauen ganz allein den Kampf für bessere Arbeitsbedingungen führen sollten, unsere Kollegen müssen natürlich auch mitmachen. Aber es geht mir darum, wie wir Frauen untereinander Zusammenarbeit und gemeinsames Spiel entwickeln können.

Von den Frauen auf dem Fußballplatz können wir lernen, mehr von unseren Zielen zu erreichen.

19 Ehre, wem Ehre gebührt

Die Ferien können die richtige Zeit sein, um sich von Erinnerungen und Erfahrungen berieseln zu lassen, um Einfällen und plötzlichen Entscheidungen das Regiment zu übertragen, nicht der nötigen Alltagsplanung. Ich sitze auf einer Schäre im Kragerøfjord und schreibe einen Brief an Kerstin, eine Kollegin, die ich vor über zwei Jahren in Schweden hatte. Ich war vier Jahre lang ihre Chefin. Warum habe ich plötzlich diesen Brief geschrieben?

Ich habe immer ein großes Notizbuch bei mir. Ich habe viele davon — mit angefangenen Ideen, Notizen aus Besprechungen, Zitaten aus Büchern, Adressen und Telefonnummern, Buchtiteln und anderem Hingekritzelten. Aufs Geratewohl habe ich eines von den mitgenommenen geöffnet, und da stand Kerstins Adresse. Das muß bedeuten, daß ich ihr schreiben soll, dachte ich und setzte mich an den Brief.

Kerstin war die Jüngste in der Familientherapiegruppe, die ich vier Jahre lang geleitet habe. Ich habe sie vor einem Jahr zuletzt gesehen. Sie hat lange, gepflegte blonde Haare, ist von Natur aus eigentlich nicht hübsch, wird es aber durch ihren persönlichen Stil und ihre lebenslustige Art. Sie war damals, und ist es sicher noch, eine der Frauen mit dem größten Mut zu Herausforderungen und neuen Aufgaben, die ich je getroffen habe. Immer las sie und war auf der Jagd nach neuen Ideen. Immer hatte sie Pläne und Projekte, für ihre Arbeit, Änderungen in ihrer Wohnung und neue Kleider, die sie sich wünschte.

Kerstin und ich sollten u.a. Sozialarbeiterinnen in Arbeitsführung unterrichten. In meinem Brief schrieb ich ihr, daß ich mich auch nach meiner Rückkehr nach Norwegen noch über ihre Ideen gefreut hatte und daß ich mich oft auf sie bezog, wenn ich zu Hause unterrichtete. Ich erzählte ein bißchen über meine jetzige Arbeit. Im Brief fragte ich auch nach ihr und den anderen, mit denen wir zusammengearbeitet hatten. Während ich den Brief schrieb, dachte ich immer mehr an sie.

Kerstin hat mir viel darüber beigebracht, wie schön es ist, eine

Frau zu sein. Niemand konnte mit lustbetonterer Freude und größerem Genuß essen als sie, oder sich mit größerer Begeisterung anziehen oder schminken. Sie hat mich gelehrt, mir mehr Freude über all das Spielzeug zu gestatten, das wir Frauen haben, über schöne Unterwäsche, einen neuen Lippenstift, schöne Wolle für einen neuen Pullover, einen neuen Blumentopf für die Fensterbank im Büro. Ja, mitten in einer Diskussion über einen schwierigen Fall konnte sie ganz nebenbei von einer neugekauften Bluse oder einem witzigen neuen und billigen Restaurant erzählen. Die Männer seufzten, aber es gefiel ihnen auch. Sie brachte Leben in die Bude. Kerstin und ihr Mann bekamen ein Kind, während wir zusammenarbeiteten, und wir konnten alle an dessen Entwicklung teilnehmen.

Kerstin konnte auch etwas, was andere heute vergessen haben. Sie konnte Brücken zwischen Menschen bauen. In ihrer kleinen Wohnung wimmelte es immer von Menschen. Die Mutter kam oft zu Besuch und danach gab es eine neue geblümte Hose im Kleiderschrank oder einen neuen Bezug auf dem Sessel. Die Mutter brachte geräuchertes Rentierfleisch aus Nordschweden mit und traf Kerstins ganzen Bekanntenkreis. Auch in ihrer Sozialarbeit spezialisierte Kerstin sich darauf, ihren Klientinnen dabei zu helfen, zerrissenes Netzwerk wieder zu flicken. Sie hatte ihre Familientradition aus dem Norden mitgebracht und bildete in der Stadt ihre große Familie neu. Deswegen war ich auch dabei, als Kerstins Sohn getauft wurde. Und wenn wir zusammen unterrichteten, legte Kerstin Gewicht auf das Entwickeln von Kontakten zu Kollegen und Kolleginnen und der Nachbarschaft. Auch das habe ich von ihr gelernt und versuche, es in meiner Arbeit weiterzuvermitteln. Ich selber stamme aus einer Familie, die ich viel zuwenig kenne, und oft fehlt mir die Unterstützung, die es in der Verwandtschaft gibt.

Ich sitze in der Feriensonne auf einer Schäre und schreibe. Noch nie hat es so viele Blumen gegeben, niemals habe ich so starke Farben an ihnen gesehen. Meine Nichte Ida, 11 Jahre, wirft mit rascher Hand eine Zeichnung von der Schäre und einer Möwe hin. Wir sind bei meiner Tante Doro zu Besuch, die uns alle das Sehen gelehrt hat. Sie ist im Moment nicht hier, aber ich sehe die Blumen durch ihre Malerinnenaugen. Durch sie habe ich auch gelernt, die Gesichter von Menschen auf neue, lebendige Weise zu sehen. Das macht das Unterrichten zum Beispiel zu einer spannenden und witzigen Aufgabe. Eifer und Lust am Lernen zu sehen, gehört zu den schönsten Dingen, die es gibt.

Weil Tante Doro mich das Sehen gelehrt hat, kann ich jetzt auch Kerstins Gesicht vor mein inneres Auge rufen. Ich sehe sie so, wie sie aussah, wenn sie mit lustvollem Lächeln einen Leckerbissen auf die Gabel spießte und in den Mund schob. Ihre blonden, glänzenden Haare hat sie mit einer schönen Schnalle gebändigt, ihr T-Shirt hat dieselbe Farbe wie ihre Augen. So, wie ich sie vor mir sehe, kann Kerstin ein Vorbild sein, wenn es darum geht, sich über die kleinen schönen Momente des Lebens zu freuen und sich über all das Schöne im Frauenleben zu freuen.

»Ehre, wem Ehre gebührt«, heißt es. Keine dumme Idee, einer, von der wir etwas Wichtiges gelernt haben, einen Brief zu schreiben. Es ist schön, so einen Brief zu bekommen. Ihn zu schreiben auch.

20 Es hat keinen Zweck, auf den Prinzen zu warten

Zu Anfang des erwachsenen Lebens liegt die größte Herausforderung darin, die eigene Identität zu finden und Verantwortung für sich selber zu übernehmen. Wer zum Beispiel wegen der Ausbildung noch zu Hause bei den Eltern wohnt, kann in einer zu abhängigen, unverantwortlichen Rolle hängenbleiben. Alle müssen sich selber kennenlernen, herausfinden, wie sie leben, woran sie glauben und welche Wahl sie bei Arbeit und Ausbildung treffen wollen.

In diesen Jahren sehen wir uns von außen, vergleichen uns mit anderen und versuchen, unsere Fähigkeiten und Möglichkeiten einzuschätzen. Aber wir müssen auch den Blick nach innen wenden und eigene Bedürfnisse und Interessen aufspüren. Es kann klug und auch gefährlich sein, auf die Ratschläge von anderen zu hören. Die Folgen müssen wir selber tragen.

Sich zu kennen, selbstsicher zu sein bedeutet auch, ein Verhältnis zum eigenen Körper und zur Sexualität zu finden. Ethische, religiöse und politische Haltungen müssen ebenfalls geklärt werden. Viele junge Leute stürzen sich in Liebesbeziehungen, für die sie eigentlich keine Verantwortung übernehmen können. Manche bekommen zu früh Kinder und haben keine Zeit, im Leben festen Boden unter den Füßen zu bekommen. Andere bleiben in einem Abhängigkeitsverhältnis zu ihren Eltern stecken und schaffen es nicht, sich vom Elternhaus zu lösen. Niemand hilft ihnen dabei. Die Eltern können erwachsene Kinder zu Hause brauchen, um bei der Arbeit zu helfen, kleinere Geschwister zu hüten, zu trösten oder zu stützen.

Cecilie ist 18. Sie hat die Schule beendet. Sie ist gut in Mathematik und Physik, ihre Lehrerinnen und Lehrer haben ihr gesagt, daß sie das Talent zur Forscherin zu haben scheint. Sie wohnt zusammen mit ihrer Mutter, einer Witwe, und zwei älteren Brüdern, die studieren. Die Mutter ist Lehrerin und versorgt seit vielen Jahren die Familie.

Keine Frau in Cecilies Verwandtschaft hat studiert. Die Mutter sagt, Cecilie müsse natürlich selber entscheiden, aber eine Lehrerin habe doch einen guten, sicheren Beruf. Cecilies Brüder machen sich lustig über sie. Sie nennen sie »Baby-Professorin« und erzählen Anekdoten über die Universität und vermännlichte Studentinnen, die niemand mag. Was wird Cecilie machen? Ihre Begabung zum Ausgangspunkt nehmen und Mathematik studieren oder den Rat ihrer Mutter befolgen?

Ich fürchte, Cecilie wird den Rat ihrer Mutter befolgen. Ihre Situation zeigt das Dilemma einer jungen Frau, die einen ungewähnlichen Beruf wählen soll. Ihr fehlt ein *Vorbild*. Von keiner Frau in der Verwandtschaft oder im Bekanntenkreis kann sie lernen, bei keiner Unterstützung finden, wenn sie aus der Familie ausbricht und sich ihren eigenen Weg sucht. An ihrer Familie hat sie keine Hilfe. Im Gegenteil, die Familie bringt ihr negative Erwartungen entgegen. Sie prophezeihen, sie würde vermännlichen und nicht gemocht werden, und ihr Beruf würde unsicher und schwierig.

Cecilie ist abhängig von der Mutter und wird von den Brüdern unterdrückt. Sie ist immer brav und fleißig gewesen, hat sich mit aller Kraft in die Schularbeit gestürzt. Aber sie hat keine *Lebenserfahrung*; sie bewundert ihre Mutter und versucht nach besten Kräften, ihr zu helfen. Sie hat kaum Zeit zu einem Leben außerhalb der Familie gehabt. In vieler Hinsicht ist sie noch ein Kind. Sie stellt die Ideen und Ansichten der Mutter nicht in Frage. Was sie gut findet, findet auch Cecilie gut. Sie ist übertrieben loyal. Es wird sehr schwer für sie sein, gegen die Ratschläge der Mutter zu handeln. Cecilie ist *unreif*.

In einer ganz anderen Situation befindet sich Sissel. Sie hat mit 17 Jahren ein Kind bekommen, ist von der Schule abgegangen, aber bei ihren Eltern wohnengeblieben. Die Mutter nimmt ihr das Kind ab, so daß sie jetzt wieder zur Schule gehen kann. Sissel ist zwar noch Schülerin, aber sie ist auch schon Mutter. Ihre Eltern haben ihr geholfen, die Verantwortung zu übernehmen, aber ihr ist eine unerwünschte Ehe mit dem Vater des Kindes erspart geblieben.

Sissel weiß, was sie will. Sie will von zu Hause wegziehen, sobald sie mit der Schule fertig ist. Sissel ist eine gute Sportlerin. Sie will Turnlehrerin werden. Sie ist eine beliebte Spielführerin im Handballclub. Sissel hatte schon lange bevor sie ihr Kind bekam gelernt, Verantwortung zu übernehmen. Sissels Eltern unterstützen ihre Pläne. Sie haben gesehen, daß Sissel es geschafft hat, Mutter zu sein und zur Schule zu gehen. Sie sind stolz auf ihre Tochter. Die Mutter war früher Hausfrau, in den letzten Jahren ist sie teilzeitbeschäftigt. Sie ist froh darüber, daß Sissel eine ordentliche Ausbildung machen will.

Sissel hat keine *direkten* Vorbilder. Aber sie hat im Sportclub Spielleiterinnen erlebt. Sie ist bereits mit der Arbeit, die zu ihrem zukünftigen Beruf gehört, vertraut, und sie hat festgestellt, daß sie die Verantwortung für ihr Kind tragen und die Schule beenden kann. Sie wird zu Hause *unterstützt* und hat keine *Lebenserfahrung*. In der Sportszene und zu Hause werden ihr positive Erwartungen entgegengebracht. Alle sind davon überzeugt, daß sie eine gute Turnlehrerin werden kann.

Sissel ist eine selbständige junge Frau. Ihre frühe Unabhängigkeit hat sie in Schwierigkeiten gebracht. Aber sie hatte Boden unter den Füßen und ein gutes Verhältnis zu ihren Eltern. Sie hat ihre Fähigkeiten und Talente in einem reichhaltigen Jugendmilieu ausprobieren können, und sie hat sich daran gewöhnt, Verantwortung für andere zu übernehmen. Deshalb konnte sie auch die Schwierigkeiten überstehen, ohne ihr Ziel aus den Augen zu verlieren. Sissel ist an den Problemen *gereift* und hat ihre innere Selbständigkeit entwickelt, ohne ihr gutes Verhältnis zu ihren Eltern zu verlieren. Sie ist den Eltern gegenüber loyal, was ihre persönliche Wahlfreiheit jedoch nicht behindert.

Reife entsteht als Ergebnis von Lernen und Lebenserfahrung. Reif sein bedeutet, die eigenen Fähigkeiten und Kenntnisse anwenden zu können, die eigenen Grenzen zu kennen, zu wissen, wann wir um Hilfe und Unterstützung bitten müssen und wann wir selber zurecht kommen. Die Redensart »Die Haut nicht weiter dehnen als sie reicht« sagt etwas über Reife. Reife bedeutet, die Möglichkeiten in einer Situation realistisch einschätzen zu können. Reife hat nichts mit *Wagemut* zu tun. Es geht darum, sich nicht von der eigenen Unsicherheit oder den Warnungen der anderen abhalten zu lassen. Es geht auch darum, die eigene Wahl nicht durch die Gefühle der anderen entscheiden zu lassen. Positive Fürsorge für Eltern und Geschwister ist eine Selbstverständlichkeit, aber zu viele junge Menschen haben sich für ihre Eltern geopfert und waren auf Kosten ihrer eigenen Lebensmöglichkeiten gehorsam und rücksichtsvoll.

21 Neugierig aufs Leben

Liebe Psychologin!
Ich bin gerade von zu Hause weggezogen und habe jetzt ein Zimmer. Ich mache eine Ausbildung und jobbe nebenher. In der Schule komme ich gut zurecht, aber ich fühle mich oft einsam und verfalle leicht ins Grübeln. Ich habe ja Bekannte und gehe ab und zu aus, aber auch wenn ich mit anderen zusammen bin, überkommt mich oft ein schlimmes Gefühl von Einsamkeit. Dann werde ich verschlossen und kann mich den anderen nicht öffnen. Sie ziehen sich zurück und lassen mich allein. Meine Mutter ruft oft an und manchmal mache ich zu Hause Besuche, aber sie ist so nervös und hat so leicht Angst um mich, daß ich mich ihr nicht anvertrauen kann. Ich habe eine Schwester, aber sie hat mit ihren eigenen Problemen genug...

»Jung«

Liebe »Jung«!
Sie schreiben, daß Sie früher Schwierigkeiten in der Schule gehabt haben, weil Sie die phantastischen Noten Ihrer ersten Jahre nicht mehr erreichen konnten. Und je schlechter es in der Schule ging, desto unzufriedener waren Sie mit sich selber...

Ihr Brief sagt, daß Sie mit einem erwachsenen Menschen, außerhalb der engsten Familie, sprechen müßten. Da Ihre Mutter nervös wird, sobald Sie zeigen, daß es Ihnen nicht gut geht, haben Sie sich von ihr zurückgezogen, und Ihr Vater hat vielleicht mit sich genug zu tun.

Diese Situation teilen Sie mit vielen anderen jungen Menschen. Unruhe, Nörgeleien, Angst und Kritik der Eltern führen dazu, daß Sie einen Kontakt aufgeben, den Sie eigentlich dringend benötigen, nicht zuletzt, wenn Sie von zu Hause ausgezogen sind.

Wir alle brauchen im Leben die Unterstützung anderer Menschen. Von Freunden oder Freundinnen, Verwandten, Kollegen und Kolleginnen, die klug sind und zuhören können. Aber heute ist die Kommunikation zwischen Menschen oft zu schlecht, und wir geben die Hoffnung auf, jemanden zu finden, der oder die uns zuhören will und uns etwas zu bieten hat. Junge Menschen müssen sich vielen Problemen stellen. Sie sollen eine Arbeit finden, bei der sie sich wohl fühlen, und viele müssen erst eine Ausbildung machen. Viele, die zur Schule gehen oder studieren, mühen sich nebenbei mit Jobs ab.

Sie suchen Freunde und Freundinnen, und Sie suchen einen Menschen, den Sie lieben können. Aber gleichzeitig geht in Ihnen etwas vor, das mit Ihrer inneren Entwicklung zu tun hat. Ihr Leben dreht sich nicht nur um Arbeit und andere Menschen, sondern auch um Sie selber. Die Einsamkeit, die Sie beschreiben, handelt genau davon, glaube ich. Sie spüren eine innere Unruhe, eine Sehnsucht nach etwas, auf dem Sie Ihr Leben aufbauen können, nach größerem Sinn des Daseins.

Als Ihre Eltern jung waren, gab es festere Regeln und Normen, und es war leichter, sich in einem Milieu zurechtzufinden. Heute finden viele junge Menschen nirgendwo festen Boden unter den Füßen, sondern bleiben gewissermaßen im leeren Raum hängen. Ich glaube, Sie haben das Bedürfnis, Ihre innersten Gedanken und Gefühle mit einem anderen Menschen zu teilen, aber ich bin nicht sicher, ob Sie unter Ihren Gleichaltrigen diesen Menschen finden werden.

Ich an Ihrer Stelle würde unter den Erwachsenen, die Sie kennen, Ausschau halten. Ich habe damals ein mit meinen Eltern befreundetes Paar gefunden, das in der Nachbarschaft wohnte. Dort haben ich und andere junge Menschen viele Stunden bei Tee und Käsebroten zugebracht und fanden Hilfe bei all den Gedanken und Fragen, mit denen wir kämpfen mußten. Plötzlich wurde ein Buch aus dem Regal gezogen, oder ein Name wurde genannt, nach dem wir dann in der Bücherei forschten.

Sie fragen, ob ich Ihnen eine Psychotherapie empfehlen würde. Ich bin viele Jahre lang in Psychotherapie gewesen, unter anderem, weil ich als Kind zu oft umgezogen bin und mich wurzellos und unsicher fühlte. Aber ich glaube nicht, daß Psychotherapie die Lösung für das Bedürfnis nach Unterstützung und Anleitung ist.

Die Erwachsenen, die Sie kennen oder kennenlernen können, können Ihnen diese Unterstützung geben. Suchen Sie unter Ihren Tanten, unter den Kusinen Ihrer Eltern, in der Nachbarschaft, unter älteren Kolleginnen. Wenn Sie dort niemanden finden, dann versuchen Sie es bei einer Organisation, einer politischen Partei oder vielleicht Ihrer Kirchengemeinde.

Versuchen Sie, sich selber besser kennenzulernen — und warum nicht auch Ihre Eltern? Jetzt, wo Sie nicht mehr zu Hause wohnen, ist es vielleicht einfacher, mit ihnen zu reden. Lassen Sie sie von ihrer Jugend, von *ihren* damaligen Problemen erzählen.

Sie könnten auch in die Bücherei gehen und mit einer Bibliothekarin sprechen, die Ihnen hilfreiche Bücher heraussuchen wird. Ich habe vor einigen Jahren Sigrid Undsets Gegenwartsromane gelesen. Viele davon handeln gerade von jungen Frauen, die im Leben auf der Suche sind.

Sie schreiben auch: *»Alle Jungen, die ich wirklich gemocht habe, haben mich verlassen. Es ist natürlich auch vorgekommen, daß ich Schluß gemacht habe, aber dann liebte ich ihn auch nicht.«*

Auch wenn es wehtut, verlassen zu werden, glaube ich doch, daß kurze Verhältnisse zur Jugend gehören. Weder Frauen noch Männer kennen sich dann besonders gut und wissen so recht, welche Menschen sie eigentlich mögen. Es ist leicht, eine feste Beziehung zu finden, aber es ist auch leicht, sich zu trennen. Der Sexdruck, den wir in vielen Jugendszenen finden, führt oft dazu, daß ein Teil mehr Gefühle und Verpflichtungen investiert als der andere, und dann kommt es zu Auseinandersetzungen darüber, wie fest das Verhältnis überhaupt sein soll. Das Beste für Sie wäre es vielleicht, eine Ruheperiode einzulegen und neugieriger aufs Leben zu sein.

Versuchen Sie, Jungen als Kameraden kennenzulernen. Lernen Sie mehr darüber, was sie denken und wichtig finden. Dann kann sich langsam eine Beziehung entwickeln, auf der Sie etwas aufbauen können. Aber lassen Sie sich Zeit. Sie können auch versuchen, Freundinnen zu finden, die sich mehr für das Leben und die Gesellschaft interessieren als für Jungen. Sie werden bessere Gesprächspartnerinnen für Sie sein.

Sie schreiben, daß Sie früher viel gefeiert haben und daß es Ihnen geholfen hat, etwas zu trinken, wenn Sie deprimiert waren. Dazu möchte ich sagen: Seien Sie vorsichtig damit, im Alkohol Trost zu suchen. Es ist zu leicht, abhängig zu werden, und Frauen vertragen noch weniger Alkohol als Männer. Es ist traurig, daß unter jungen Leuten soviel getrunken wird. Ich glaube nicht, daß Alkohol das Leben leichter macht, ganz im Gegenteil. Der in mehr oder weniger berauschtem Zustand erzielte Kontakt ist oft sehr oberflächlich. Und ich habe zu viele junge Leute gesehen, die abhängig gewesen sind — ich habe einige Jahre an einer Alkoholklinik gearbeitet.

Suchen Sie sich eine andere Trostform. Musik zum Beispiel? Auch die Natur kann Trost und Ruhe vermitteln. Ich habe mir schon viele Probleme im Wald von der Seele gelaufen.

Liebe Grüße, die Psychologin.

PS. Wenn Erwachsene junge Menschen in derselben Situation kennen: Laßt sie nicht im Stich. Vergessen Sie für eine Weile Angst und Kritik und seien Sie ein bißchen neugierig auf die jungen Leute. Reden Sie mit Ihnen über Ihre eigene Jugend und über das, was Sie als Erwachsene heute denken und erleben. Wir brauchen besseren Kontakt zwischen Jugendlichen und Erwachsenen in dieser Gesellschaft.

22 Eine neue Frau werden

»Vorher« und »nachher«, »Werden Sie neu« und »Machen Sie das Beste aus Ihrem Typ«. Es ist immer wieder faszinierend, die platten, »grauen« Bilder der Hauptperson vor der Verwandlung und die strahlenden, farbenprächtigen danach zu sehen. Ich habe auch oft Lust gehabt, eine neue Frau zu werden.

Aber vor allem wollte ich in tieferem Sinn neu werden. Ein neuer Mensch werden, ein neues Leben bekommen. Alle Rezepte für schnelle Veränderungen durch Kleider und Schminke, Diät, positives Denken, Aufbruch aus dem Alten, neuen Partner oder neue Partnerin haben in der Regel die Gemeinsamkeit, daß die Veränderung nicht von Dauer ist. Die meisten alten Kleider hängen noch immer im Schrank und die selbstkritischen alten Gedanken sind nicht verschwunden.

Sehr wichtig ist dabei: Wir haben dieselbe Mutter, dieselben Geschwister, oft dieselben Kolleginnen und dieselben Freundinnen, vorher wie nachher. Sie werden uns schon an das Alte erinnern und zu den alten Tanzschritten führen.

Aber das Leben läßt sich verändern, es gehört nur *mehr* dazu. Ich muß das alte Spiel brechen, den Tanz verlassen, Menschen finden, die mir neue Antworten über mich selber geben können, und vor allem muß ich mit alten, verwurzelten Gedanken und Vorstellungen abrechnen.

Um den menschlichen Änderungsprozeß zu verstehen, müssen wir zwei widersprüchliche Menschenbilder betrachten — die sich trotzdem ergänzen. Das eine Bild zeigt die persönliche Geschichte eines Menschen, Kindheit und Jugend, die Beziehung zu den Eltern, Ererbtes, Milieu. Das andere Bild zeigt das Zusammenspiel, das wir als Erwachsene mit den Menschen in unserer Umgebung haben. Welche Antworten andere geben und wie der Geben/Nehmen-Prozeß zwischen mir und den anderen verläuft. Viele — auch Psychologinnen — wählen zwischen diesen beiden Bildern und legen auf eines das Hauptgewicht. Aber wenn wir verstehen wollen, was Änderung ist, müssen wir uns beide Bilder vornehmen.

Frühe Lebenserfahrungen können Muster schaffen, die unser Verhalten und unser Erleben im späteren Leben prägen. Ja, die Einwirkung der Vergangenheit kann so stark sein, daß sie die Wirklichkeit so sehr verfärbt und verändert, daß wir viele Ereignisse im späteren Leben mißverstehen.

Kari, die wir ja schon kennen, war dafür ein klares Beispiel. Sie hatte eine unsichere Jugend gehabt und ihre ersten Liebesbeziehungen wurden in mancher Hinsicht zur Wiederholung ihrer alten Erfahrungen. Sie war mit schwierigen, labilen Männern zusammen. Aber schließlich war Knut in ihr Leben getreten. Er liebte sie und tat alles, was er konnte, um ihr die Zärtlichkeit und Zuwendung zu geben, die ihr früher gefehlt hatten. Das Problem war nur, daß es ihr so entsetzlich schwerfiel, das anzunehmen. Sie konnte ihm zuerst nicht glauben. Als sie schließlich einsehen mußte, daß er es wirklich ernst meinte, war sie zutiefst deprimiert und wollte die Beziehung beenden, weil sie nicht glaubte, eine so große Liebe wert zu sein.

Die alten Erfahrungen hatten ihr ein so geringes Selbstvertrauen und so große Selbstverachtung vermittelt, daß sie nicht glaubte, sie könnte die Liebe eines erwachsenen Mannes verdienen. Erst mit Hilfe einer langen Paartherapie wagte sie, Knuts Liebe anzunehmen. Er seinerseits mußte lernen, Bescheid zu sagen, wenn er Trost und Unterstützung brauchte. Er hatte früh gelernt, der Helfer zu sein, der sich immer um die anderen kümmert. Aus diesem Muster mußte er sich befreien, um Kari erfahren zu lassen, daß auch sie etwas zu geben hatte.

Wenn ich mich verändern will, hat es wenig Sinn, meine Vergangenheit zu verleugnen. Wenn ich versuche, alle Bindungen zu kappen, Familie und Kindheitsfreundschaften zu verleugnen, dann zertrenne ich meine eigene Verwurzelung. Meine Lebenssituation wird unsicher und die Vergangenheit kann sich plötzlich auf sehr überraschende und vielleicht chaotische Weise melden.

Um einen besseren Ausgangspunkt zu finden, muß ich mein Leben und meine eigene Geschichte erforschen. Aber das bedeutet nicht, daß ich alte Sorgen und Enttäuschungen wiederkäuen sollte. Das eigene Leben zu erforschen bedeutet, sich selber in einem größeren Zusammenhang zu sehen. Ich muß mich für die lokale Gesellschaft an dem Ort interessieren, wo ich aufgewachsen bin, und mehr darüber in Erfahrung bringen, aus welchem Milieu meine Großeltern stammen. Ich kann viel Freude darin finden, Verwandte zu besuchen, und sie können mir vielleicht neue Bilder von meinen Erlebnissen als Kind geben. Vielleicht können sie mir auch von Verwandten erzählen, mit denen ich Ähnlichkeit habe und die mir die Bedeutung von Familienabfolge und Erbschaft zeigen. Wenn ich die großen Linien in meiner Familie studiere, kann ich vielleicht ein neues und besseres Verhältnis zu meinen Eltern bekommen und gleichzeitig weniger selbstkritisch werden. In unserer Gesellschaft hat es große Veränderungen gegeben. Wir Älteren haben den Krieg erlebt. Andere haben die großen örtlichen Veränderungen mitgemacht, die in vielen Gegenden stattgefunden haben. Veränderungen, die zu Arbeitslosigkeit und unfreiwilligem Aufbruch geführt haben können.

Es ist wichtig, daß wir uns trauen, auf Menschen zurückzublicken, die wir verloren haben, daß wir es wagen, zu trauern, das Fotoalbum hervorzunehmen und den Tränen freien Lauf zu lassen. Trauer befreit Lebensmut und Energie, wenn der Trauerprozeß sich ungehindert entwickeln darf. Eingesperrte oder beherrschte Trauer lähmt Kräfte und Phantasie und macht es gefährlich, sich neuen Menschen zu nähern.

Es kann auch wichtig sein, etwas wieder gutzumachen, den Mut zu haben, einen Menschen aufzusuchen, von dem ich mich in Streit oder Zerwürfnis entfernt habe. Die Zeit heilt nicht alle Wunden, aber nach einer Weile sieht vieles anders aus. Es ist ein phantastisches Gefühl, sich durch alte Konflikte und Enttäuschungen einen Weg zu bahnen und ein erwachsenes Verhältnis zu einer Kindheitsfreundin oder einem Familienmitglied zu entwickeln. Ich habe diese Freude mit meinem Bruder erlebt.

Es lohnt sich, für solche Erlebnisse zu arbeiten, sie machen das Leben spannend. Nicht nur neue Menschen können uns neue Antworten geben. Wir können auch die Beziehungen zu Menschen, die wir schon lange kennen, verändern und umformen, wenn sie dabei helfen wollen. Dann wird das Leben neu und reich.

23 Verliebtheit = Flucht vor dem Leben?

Liebe Psychologin!
Ich bin Mitte 30, verheiratet und habe zwei Kinder, die fast schon Teenager sind. Mein Mann ist nett und lieb und ich liebe ihn sehr. Als wir heirateten, war ich sehr verliebt in ihn. Im Laufe dieser Jahre habe ich mein Studium beendet und nebenbei gearbeitet.

Vor einem Jahr ist das passiert, was ich als das große Unglück meines Lebens bezeichnen würde, nämlich, daß ich mich Hals über Kopf in einen Kollegen meines Mannes verliebt habe. Ich habe mich mit diesem Mann ausgesprochen, weil ich so verzweifelt war, daß ich Hilfe brauchte. Ich wollte aus dieser Lage herauskommen und ich dachte, er würde mir klarmachen, daß es blöd von mir wäre, in ihn verliebt zu sein. Aber statt mich abzuweisen, meinte er, ich sollte doch froh sein, daß ich Gefühle entwickeln kann, statt mich deswegen zu schämen.

Im Laufe des letzten Jahres habe ich versucht, ihn zu vergessen, aber ich muß doch immer an ihn denken, und ich bin oft schrecklich deprimiert. Als ich mich von ihm zurückgezogen habe, hat er Kontakt zu mir aufgenommen und mich auf verschiedene Weise ermuntert und mir Hoffnung gegeben. Gleichzeitig behauptet er, nicht in mich verliebt zu sein. Er ist verheiratet — und hat nebenbei schon seit Jahren ein Verhältnis.

Mein Mann weiß alles und hat versucht, mir zu helfen, aber er will sich scheiden lassen, wenn ich mich wieder mit dem anderen treffe. Ich möchte diese Verliebtheit so gern überwinden, denn mein Mann und ich haben eine gute Beziehung, die ich bewahren möchte. (Auszug aus einem langen Brief.)

»Verirrt«

Liebe »Verirrt«!
Sie sind Mitte 30, schreiben Sie. Wie alt waren Sie, als Sie geheiratet haben? Um die 20? Sie sind in die Heimatstadt Ihres Mannes gezogen und haben zwei Kinder bekommen, schreiben Sie in Ihrem Brief. Was ist mit Ihnen passiert? Sie schreiben, daß

Sie sich an Ihrem neuen Wohnort nie ganz zurechtgefunden haben. Sie erzählen auch, daß Sie von Depressionen gequält werden. Nun haben Sie sich unsterblich in einen anderen Mann verliebt, obwohl Sie eine gute Ehe führen.

Die Jahre zwischen 35 und 45 bedeuten einen spannenden Reifeprozeß im Menschenleben. In diesen Jahren können wir einen größeren Überblick, ein tieferes Verständnis für das Leben erwerben. Das bedeutet, Muster und Zusammenhänge zu sehen, nicht nur im eigenen Leben, sondern auch in dem der Eltern und in der gesellschaftlichen Entwicklung.

Wie sieht das Lebensmuster aus, wenn Sie an Ihr eigenes Leben zurückdenken? Könnten Sie sich einem Mann an den Hals geworfen haben, statt Ihre eigene Verantwortung und Ihre Möglichkeiten ernstzunehmen? Als junge Erwachsene verlieben Sie sich heftig in Ihren Mann und ziehen mit ihm in seine Heimatstadt, gerade in den Jahren, in denen Sie Ihren Standplatz als Erwachsene hätten finden sollen.

Nun ist Ihre Ausbildung beendet und Sie verlieben sich abermals heftig. Wie war es, als Sie als Teenager um Ihre Freiheit gekämpft haben? Haben Sie sich auch da hinter der Verliebtheit versteckt? Nun beginnen Ihre Kinder, sich freizukämpfen. Sie gewinnen dadurch Zeit und Kräfte. Was werden Sie mit sich anfangen?

Verliebtheit als Flucht fällt vielen Frauen leicht. Denken Sie doch bloß daran, wieviel Zeit und Kraft wir Frauen in Beziehung zu Männern verbrauchen! Der Preis kann hoch sein. Das haben Sie erfahren müssen. Es kann gut und wichtig sein, im Leben den Gefühlen zu folgen. Es kann uns neue Erfahrungen, Herausforderungen und Abenteuer bringen, aber es kann auch, wie bei Ihnen, dazu führen, daß wir uns selber verlieren, daß wir an unserem Wert zweifeln und daß wir den Boden verlieren, auf dem wir unser Leben aufbauen wollten.

Sie schreiben über Ihre Depressionen. Ein zentraler Kern in der Depression ist der Mangel an innerer Zufriedenheit und Liebe zu sich selber. Die Deprimierte ist in der Regel äußerst selbstkritisch und sehr empfänglich für die Kritik anderer.

Haben Sie gelesen, was ich über den inneren Dialog geschrieben habe, über das, was wir zu uns selber sagen? Hören Sie auf

Ihren inneren Dialog und versuchen Sie, Ihre positiven Seiten zu entdecken. Sie führen eine gute Ehe, also scheinen Sie als Mensch etwas zu bieten zu haben.

Sie können Ihre Verliebtheit nicht überwinden, ohne den täglichen Kontakt mit dem anderen Mann aufzugeben. Es kommt in Ihrem Brief ganz klar zum Ausdruck, daß er mit Ihren Gefühlen spielt, er braucht Sie für sein Selbstvertrauen als Mann. Der klügste und beste Mensch kann in einer Beziehung zu einer Person steckenbleiben, die mit den Gefühlen anderer spielt. Darin sind solche Menschen Spezialisten oder Spezialistinnen — unsere schwachen Punkte zu finden und auszunützen.

Sie haben viel zu geben, Sie haben ungebrauchte Fähigkeiten und Begabungen. Ich bin sicher, daß es an Ihrem Wohnort eine Organisation oder einen Arbeitsplatz gibt, wo gerade Sie gebraucht werden. Dort werden Sie auch neue Menschen finden, die in Ihnen die tolle erwachsene Frau sehen, die Sie gerade werden, und die Ihnen eine positive Antwort auf Sie selber geben können — die Sie brauchen.

Sie stehen vor einer inneren Reise, vor dem Wachstumsprozeß von Vertiefung und Erfahrung, der nötig ist, damit Sie ein erwachsenes Frauenleben beginnen können.

Sie haben etwas, worauf Sie sich freuen können!

Liebe Grüße, die Psychologin.

24 Es ist nicht alle Tage Sonnenschein

Liebe Psychologin!
Meine Stimmung ändert sich so schrecklich leicht! Manchmal bin ich wirklich deprimiert, ohne den Grund zu wissen (das dauert dann einige Stunden oder den ganzen Tag), bin still und verschlossen, reizbar, fühle, daß ich alle meine Mitmenschen negativ sehe. Ich denke und grüble viel, vor allem über mich und wie ich bin, und habe wenig Selbstvertrauen. Dann kann ich am nächsten Tag redselig und gut gelaunt sein. Wenn das nur an den meisten Tagen so sein könnte! Aber zumeist plagt mich mein Trübsinn. (Der Brief ist gekürzt.)

Liebe Grüße, »Trübsinn«.

Liebe »Trübsinn«!
Wenn Sie von niedergeschlagenen und labilen Perioden gequält werden und sie nicht mit Menstruation oder bestimmten Ereignissen in Verbindung bringen können, dann glaube ich, daß Sie in Ihren sogenannten guten Phasen eigentlich zuviel Kraft darauf verwenden, freundlich, nett, lieb und fürsorglich, froh und positiv zu sein. Und dadurch unterdrücken Sie einen wichtigen Teil Ihrer selbst.

Was machen Sie im täglichen Leben mit Ihrer Wut, Ihrer Aggressivität, Ihren inneren Kräften?

Ihr Bedürfnis danach, daß Ihnen zugehört wird, das Bedürfnis, der in Ihnen wohnenden schöpferischen Freude Ausdruck zu geben, wird es sichtbar?

Ich glaube, Sie gehen in einem zu engen Gewand durchs Leben und nehmen zuviel Rücksicht auf die Menschen in Ihrer Umgebung, mehr Rücksicht, als die eigentlich brauchen. Sie müssen sich etwas mehr gehen lassen, müssen zeigen, was heute an Temperament und Energien in Ihnen wohnt. Ich glaube, Sie sperren Ihre eine Hälfte in einen Käfig, der Ihnen längst zu klein geworden ist.

Ich habe Ihren Brief an einem Tag erhalten, an dem ich selber niedergeschlagen und voller Unlust war. Nachdem ich den ganzen Tag sauer und verdrießlich gewesen war, setzte ich mich endlich an die Schreibmaschine. Und dann habe ich mir die miese Stimmung vom Leibe geschrieben. Manchmal gehe ich auch zu Leuten, die meine düsteren Seiten ertragen können. Das Beste ist vielleicht, wenn ich mich traue, herauszufinden, mit welchen Problemen und Enttäuschungen ich gerade zu kämpfen habe, denn dann kommen die Gefühle richtig ans Tageslicht und haben Auslauf. Ich habe gelernt, daß es wenig bringt, sich mit Gewalt zu beherrschen. Dann erstarre ich und kann in eine längere Phase der Depression geraten.

Ich glaube, Sie fühlen sich niedergeschlagen, wenn Sie aus Ihrem Käfig hinauswollen und keine Lust mehr haben, lieb und wohlerzogen zu sein, am sozialen Spiel teilzunehmen, Sie lassen diese Seiten nicht herauskommen, weil Sie Ihnen gefährlich vorkommen.

Wenn Sie versuchten, Ihren Käfig öfter zu verlassen, offener zu sein — auch Ihren sogenannten negativen Gefühlen gegenüber —, würden Sie sehen, daß Ihre Mißstimmungen wie Ihre anderen Gefühle kommen und gehen. Dann würden die negativen Perioden vielleicht sogar verschwinden, weil die »negativen« Gefühle an den normalen Tagen ihren Platz finden könnten.

Unsere inneren Bilder sind oft entweder romantische, hochtrabende Träume von großer Liebe, spannenden Abenteuern und umwerfenden Leistungen, oder konventionelle Bilder von Sicherheit und Harmonie, Vernunft und Ordnung.

Das Leben in diesem Moment steht im Gegensatz zur inneren Wirklichkeit. Oft übernimmt die innere Wirklichkeit, und dann sind wir im Jetzt nicht mehr anwesend, können uns nicht über das Zusammensein mit einer Freundin, über unsere Arbeit freuen oder einen schönen Sonnenuntergang genießen.

Die andere Wirklichkeit wird ebenfalls von widersprüchlichen Wünschen geprägt, die um die Macht kämpfen, und von scheinbar unvereinbaren Rücksichten geprägt. In der inneren Landschaft gibt es nicht immer nur hochtrabende Freude oder dramatische Spannung, es gibt auch Chaos und Verwirrung, Angst und Unsicherheit.

Eines Abends im Konzert ging mir auf, daß die Musik das

Lebensdrama mit seinen Kontrasten zwischen Licht und Finsternis, Sturm und Stille, Freude und Trauer enthält.

Ein windiger, regennasser Sommertag, in unseren Ferien nun wirklich nicht willkommen, kann uns vielleicht auch etwas Wichtiges berichten, für das es sich lohnt, einen Sonnentag zu opfern. Die Lebenskräfte entfalten sich in der Natur und setzen auch das menschliche Gemüt in Bewegung.

Das Leben ist ein Drama, ein ewiger Kampf zwischen kämpfenden Kräften in Mensch und Natur.

Aber die meisten von uns werden nicht dazu erzogen, wirklich zu zeigen, wer wir sind. Wir werden zum vorsichtigen Umgang mit dem Leben erzogen, dazu, sichtbare und unsichtbare Mauern um uns zu bauen, die uns vor Überraschungen und Angriffen feindlicher Kräfte in oder außerhalb von uns beschützen sollen.

Liebe Grüße, die Psychologin.

25 Die »gefährlichen« Träume

Liebe Psychologin!
Bald fürchte ich mich noch vor dem Schlafen, ich habe so schlimme Träume. Sie fangen immer gleich an. Ich befinde mich in einer alltäglichen Situation, spaziere durch die Stadt, in der ich wohne, bin zu Hause in meiner Wohnung, bei der Arbeit, oder ich mache Waldspaziergänge. Alles ist schön, ich bin in netter Gesellschaft, es ist hell, vielleicht scheint die Sonne.

Aber plötzlich wird es dunkel, ich höre unheimliche Geräusche, ich gehe durch enge Gassen, es wird dunkel und düster im Wald, die Wohnung ist plötzlich zum Gefängnis geworden. Und dann ist jemand da und will mir übel. Ich versuche zu fliehen, aber ich kann mich nicht bewegen, die gefährliche Person — ich glaube, es ist ein Mann — kommt näher. Ich erwache schreiend. Früher habe ich nur selten so etwas geträumt, jetzt geschieht es immer häufiger. Was soll ich machen? Ich verstehe nicht, was das bedeutet.

»Angst vor der Nacht«

Liebe »Angst vor der Nacht«!
Sie haben bereits mit Ihren Träumen gearbeitet, indem Sie darin eine Art Muster gefunden haben. Das ist ein guter Anfang. Sie ahnen, daß Ihre Träume etwas bedeuten, fürchten sich und fühlen sich gequält.

In Ihrem Brief schreiben Sie nichts über andere Träume. Ich nehme an, daß Sie alles mögliche träumen, daß diese Träume Sie aber vor allem beschäftigen, und deshalb erinnern Sie sich daran am besten. Das ist typisch für viele von uns: Wir behalten das Beunruhigende und Problematische besser als das Fröhliche und Lustbetonte.

Was ein Traum oder eine Serie von Träumen »bedeutet«, läßt sich nicht durch allgemeines Traumwissen oder durch Traumsymbole entschlüsseln. Solche Deutungen sind leichtfertig und fehlerhaft. Die wichtigsten »Schlüssel« des Traums liegen im Leben der Träumenden und in ihren Lebensgeschichten. Ohne sie kann ein allgemeines Wissen darüber, wie Träume arbeiten — das heißt, wie die Träumenden ihre Träume erschaffen und dichten — keine sinnvollen Antworten geben.

Aber ich kann Ihren Traum zuerst in unterschiedlichem Licht sehen. Dabei können die Träume anders aufgefaßt werden und Sie vielleicht auf andere Spuren bringen.

Sie sind von Ihren Träumen verängstigt und verstört und »fürchten sich bald vor dem Schlafen«. Angst, Unruhe, Trauer, Furcht werden von den meisten als negative Gefühle erlebt, denen wir am liebsten ausweichen möchten. Die Träume, die solche Gefühle enthalten, werden deshalb oft als Alpträume bezeichnet. Aber Angst, Unruhe, Trauer und Furcht sind wichtige Seiten des Menschenlebens. Wer versucht, diesen Gefühlen keinen Raum einzuräumen, vertrocknet und erstarrt innerlich: Das Leben wird von einer Sicherheit geprägt, die leicht langweilig und leer werden kann — und Gleichgültigkeit raubt dem stürmischen Meer der Gefühle ihren Platz.

So ist es auch mit den Träumen. Ihre problematischen und beunruhigenden Träume sind ein Zeichen dafür, daß Sie leben, daß Sie mit Ihren Lebensproblemen kämpfen. Sie wagen, solche Träume zu träumen, und Sie wagen es, sich daran zu erinnern. Das bedeutet, daß Sie in bezug auf Ihr Innenleben mutig und neugierig sind. Sie träumen spannende, widerspruchsreiche Träume, die in alltäglichen Situationen inszeniert werden. In der Regel stoßen wir mitten im Alltagsleben auf die großen Lebensthemen und sehen uns vor die wichtigsten Entscheidungen gestellt.

Die meisten Frauen sind dazu erzogen worden, sich vor dem Symbol *»der gefährliche, fremde Mann«* zu fürchten. Schon das kleine Mädchen wird mit dieser Figur verschreckt. Daß Vergewaltigungen und Gewalt gegen Frauen alltäglich sind, macht diese Situation nicht besser. Gleichzeitig wird schon ein kleines Mädchen dazu angehalten, süß, sexy und verführerisch zu sein. Auch auf »offener Straße«, sozusagen. Die Botschaft dieser Erziehung lautet ungefähr so: »Hüte dich vor dem fremden, gefährlichen Mann, aber versuch, ihn zu verführen.«

Viele Frauen werden auch mit einem doppelten Verhältnis zur Kraft erzogen. Sie sollen sie bei Männern verehren und »darauf anspringen«, sollen ihre eigene Kraft aber gleichzeitig fürchten und in sich verschließen. Diesen Widerspruch gibt es auch im Umgang mit Sexualität. Frauen wird beigebracht, sich sexy zu geben, aber ihre eigene und die Sexualität der anderen zu fürchten.

Ihre Träume verwenden das Symbol *»der gefährliche, fremde Mann«*. Welches Verhältnis haben Sie zu Männern, zur männlichen Kraft und Sexualität? Auf diesen Gebieten sollten Sie vielleicht zuerst suchen.

Ansonsten verwenden Träume oft dramatische Verzeichnungen und gegensätzliche Bilder, um die wirklichen Themen und Konflikte, mit denen wir zu kämpfen haben, zu verbergen.

Ihre Träume können also von Konflikten handeln, die mit weiblicher Kraft zusammenhängen, vielleicht mit Ihrer eigenen Kraft, Ihrem eigenen Willen. Um Ihre Träume besser zu verstehen, können Sie versuchen, sich so zu trainieren, daß Sie nicht mehr aufwachen, wenn Sie Angst bekommen. Dann werden Sie weiterträumen, den Traumfilm bis zum Ende sehen. Sie müssen dazu noch etwas mutiger und neugieriger sein. Dann werden Sie feststellen, daß der Traum vielleicht eine höchst überraschende positive Wendung nimmt, und Sie werden auch im Alltag etwas mutiger sein, weil Sie nachts gewissermaßen trainieren.

Wenn Sie weiterträumen, bekommen Sie vielleicht Flügel und verlassen damit die gefährliche Situation, werden von guten Geistern gerettet oder erleben ein schönes erotisches Abenteuer.

Stürzen Sie sich in das gefährliche, schöne Traumabenteuer und vertrauen Sie auf Ihre Kraft.

Liebe Grüße, die Psychologin.

26 Die Angst vor dem Erfolg

Liebe Psychologin!
Ich habe seit vielen Jahren psychische Probleme. Ich bin schon mehrmals in Behandlung gewesen, aber aus irgendeinem Grund war das immer unbefriedigend.

Ich bin in den Vierzigern und geschieden, aber die Kinder sind erwachsen und kommen gut zurecht; sie kommen am Wochenende zu Besuch. Als Erwachsene habe ich noch studiert und habe jetzt eine halbe Stelle als Lehrerin. Aber meine Gesundheit ist nicht gut und ich habe Angst vor der Zukunft.

Mein ernstestes Problem ist, daß ich glaube, ich leide an der »Angst vor dem Erfolg«, ich habe gelesen, daß viele Frauen davon gequält werden. Ich hoffe, Sie verstehen, was ich meine. Ich führe nichts zu Ende. Es ist, als hätte ich einen Apparat eingebaut, der dafür sorgt, daß ich das nicht schaffe — es kommt ganz automatisch.

Ich bin jetzt halbwegs krankgeschrieben, arbeite nur die halbe Zeit. Bin sehr deprimiert über diese Situation und habe Angst, nie mehr wieder richtig auf die Beine zu kommen. Hätte so gerne eine feste Arbeit und ein normales Leben.

Es gehört wohl mit zu meiner Geschichte, daß meine ganze Familie in Oslo wohnt — ziemlich weit von meinem jetzigen Wohnort...

Liebe Grüße, »Will so gern«.

(Das ist ein Auszug aus einem langen Brief, aber dieser Auszug greift ein Problem auf, mit dem viele Frauen kämpfen. Deshalb will ich versuchen, einige der Fäden aufzudröseln, die sich zu einer solchen Situation verknüpfen können.)

Liebe »Will so gern«!
Jeden Morgen essen Sie sicher ein oder zwei Brote und trinken eine Tasse Kaffee oder vielleicht ein Glas Milch oder Saft. Sie machen jeden Morgen dasselbe, automatisch, ohne daran zu denken, wie es vor sich geht. Auf dieselbe Weise erledigen Sie tausend andere kleine und große Dinge. Jedes davon haben Sie

irgendwann gelernt. Psychologen und Psychologinnen, die mit entwicklungsgestörten Kindern oder mit Personen gearbeitet haben, die nach einem Unfall alles neu lernen müssen, haben berechnet, daß Sie ungefähr vierzig verschiedene Teilhandlungen durchführen müssen, um ein Brot zu essen. Alles, vom Moment, wo Sie das Brot aus dem Brotkasten und das Messer aus der Schublade nehmen, bis zum Kauen und Herunterschlucken.

Bei allem, was Sie auf diese automatische Weise tun, denken Sie selten daran, was Sie da schaffen, Sie machen es wie eine Selbstverständlichkeit. Auch die Dinge, die Sie nicht schaffen, bestehen aus Situationen, die Sie irgendwann gelernt haben. Sie beschreiben es selber als einen »inneren Apparat«, und damit schildern Sie das Automatische im Ablauf.

Wenn ich an etwas denke, das mir nicht gelingt, dann erlebe ich die Situation normalerweise als Ganzes. Ich werde von Ohnmacht erfaßt, komme mir dumm vor, werde deprimiert und verliere den Mut. Das führt schnell dazu, daß ich nichts mehr wage, nichts plane und keine Probleme löse, denn ich habe ja schon aufgegeben, noch ehe ich angefangen habe. Nach und nach beschreibe ich mich dann selber als eine, die »Angst vor dem Erfolg« hat.

Das ist Ihre und die Situation vieler anderer Frauen. Sie alle haben gelernt, auf halbem Wege stehenzubleiben, ihre Kraft zu verlieren, ihren Optimismus zu ersticken und ihre Erfindungsgabe abzuwürgen. Sie alle sind Expertinnen des Mißerfolges geworden!

Jede einzelne dieser Teilhandlungen, die ich hier beschrieben habe, haben Sie irgendwann gelernt. Sie sind, mit anderen Worten, besonders fähig im Mißlingen, so wie anderen Menschen in Ihrer Umgebung dauernd etwas gelingt.

Um aus dieser mißlichen Situation herauszukommen, kann psychologische Hilfe natürlich sinnvoll sein. Aber leider ist es nicht immer leicht, psychologische Hilfe zu finden, zu der Sie Vertrauen haben können. Bei Ihrer »Angst vor dem Erfolg« mißlingt es Ihnen sicher auch trefflich, von anderen verstanden zu werden. Auf 1001 Weise schaffen Sie es zu verhindern, daß andere Menschen Ihnen helfen können.

Sie haben ein ganz besonders entwickeltes Talent dafür, Ihre

Kraft, Lust und Ausdauer zu unterbrechen, ersticken und abzulenken und es wird nichts aus Ihren Plänen. Das haben Sie sich sorgfältig beigebracht, denn es ist für Sie eine brennende Notwendigkeit gewesen.

Im Zusammenspiel mit den Menschen in unserer Umgebung begegnen uns Erwartungen, ungeschriebene Regeln, Normen, Gesetze und Gebote, ein Muster, das uns sagt, was von uns gefordert wird und wie weit wir uns unterscheiden dürfen. Vielleicht hat dieses Muster Sie gelehrt, daß Sie nicht zu tüchtig werden oder nicht selber entscheiden dürfen, was Sie aus Ihrem Leben machen wollen. Vielleicht haben Sie sich einst einen Mann zugelegt, der Ihnen beigebracht hat, daß Sie nur Liebe bekommen, wenn Sie »Ferse und Zeh abhacken« und sich kleiner machen.

Sie sind von Ihrer Familie weggezogen und haben sich von Ihrem Mann scheiden lassen. Aber vielleicht sind Sie statt dessen Ihre eigene Richterin geworden. Leider ist es so, daß wir die negativen Muster, die wir zu Anfang unseres Lebens aufnehmen, später weiter in uns tragen.

Ihr Problem ist, daß Sie sich nun gründlich über Ihr inneres Muster informieren müssen. Sie müssen genauso vorgehen wie meine Kollegin, die jemandem beibringen mußte, ein Stück Brot zu essen. Zerlegen Sie das Problem und trainieren Sie jedes Teil auf neue Weise. Sie erwähnen in Ihrem Brief, daß Ihnen Bewerbungen schwerfallen. Nehmen Sie eine solche Situation als Beispiel und stellen Sie sich vor, Sie sollten einer Schülerin beibringen, sich für eine Stelle zu bewerben. Notieren Sie die kleinen Teilhandlungen, die dazu gehören, sehr genau. Danach schreiben Sie alles auf, was Sie selber tun und was dazu führt, daß Sie Ihr Vorhaben nicht in die Tat umzusetzen wagen — daß Sie sich also nicht bewerben. Sie dürfen auch die negativen und kritischen Dinge nicht vergessen, die Sie sich selber sagen, und alle negativen und kritischen Ansichten, die Sie Ihrem potentiellen Chef zuschreiben. Schreiben Sie das alles von Anfang an auf, von dem Moment an, wo Sie die Anzeige in der Zeitung lesen.

Dann vergleichen Sie Ihr eigenes Vorgehen damit, wie Sie jemandem beibringen würden, sich zu bewerben. Dadurch wird das negative Muster deutlich und ist leichter zu verändern. Wenn Ihnen die ganze Reihenfolge klar ist, werden Sie sicher sehen, wie Sie sich daran hindern, sich um diese Stelle zu bewerben. Sie werden entdecken, daß Sie sich selber Dinge vornehmen, die aufhalten, verhindern, ablenken und Zweifel schaffen, die Ihnen Kraft, Lust und Ausdauer nehmen — ja, die Sie zum Aufgeben bringen, noch ehe Sie angefangen haben.

Lachen Sie jetzt ein bißchen über sich selber? Das ist das erste Anzeichen von Veränderung. Ein wenig selbstironische Eigenliebe muß sein.

Und nun sagen Sie sich zur Abwechslung mal etwas Positives, zum Beispiel: »Ich bin eine erwachsene Frau mit großer Lebenserfahrung, ich habe in meinem Leben viele Probleme gehabt, meine Gesundheit ist nicht so, wie sie sein sollte, aber ich glaube, ich kann anderen etwas beibringen. Ich weiß allerlei, ich schreibe gerne. Ich habe tolle Kinder großgezogen.«

Hilft das schon? Spüren Sie, daß Ihre innere Feindin schwächer wird?

Nutzen Sie Ihre Lebenskraft und geben Sie sich und anderen die Wärme und Liebe, die Sie früher Ihren Kindern gegeben haben. Dann werden Sie sehen, daß auch Ihr Körper wieder aufblüht.

Liebe Grüße, die Psychologin.

27 Frauen müssen das Neinsagen lernen

Arbeiten Frauen?

Sie sind sicher irritiert über so eine blöde Frage, deren Antwort auf der Hand liegt. Natürlich arbeiten wir, werden Sie sicher antworten, viele von uns sogar doppelt.

Warum frage ich? Ich habe mich darüber gewundert, daß fast keine, die mir schreibt, ihren Arbeitsplatz erwähnt. Auch wenn Frauen zusammen sind, reden sie nicht viel über ihre Arbeit – sondern über Kinder, Mütter und Männer.

Wenn wir zu zweit sind, kann es vorkommen, daß wir ein

wenig über uns reden, darüber, was wir mit unserem Leben anfangen wollen. Aber dann widmen wir uns wieder den ewigen Themen — Kindern, Müttern und Männern. Wenn Männer zusammen sind, reden sie über Arbeit und Sport, vielleicht über Autos und Politik und ein bißchen über Frauen und Kinder. Sie reden nicht viel über Frauen und fast nie über sich selber.

Ich wage eine Behauptung: Wir Frauen hätten ein besseres Leben, wenn wir miteinander mehr über unsere Berufe und unsere Arbeit zu Hause sprechen würden. Dann könnten wir einander vielleicht besser unterstützen, könnten einander an Fähigkeiten und Kenntnisse erinnern, an alles, was wir im Alltag schaffen, an alle Probleme, die wir lösen (und nicht nur an die, mit denen wir kämpfen), an alles, was wir herstellen und organisieren, durchziehen und reparieren. Wir alle könnten uns positiv ineinander spiegeln und dazu ermutigt werden, uns über Einsatz und Ergebnisse zu freuen.

Aber das Komische ist, daß wir Frauen mit geringem Selbstvertrauen kämpfen, allem zum Trotz, was uns gelingt und was wir an positiven Werten schaffen. Wir haben oft ein geringes Selbstbewußtsein, obwohl wir Erfolg haben und gute Ergebnisse erzielen. Eine Frau kann im Beruf nach ganz oben kommen, nette Kinder und einen lieben Mann haben, und trotzdem von Zweifeln und Selbstkritik zernagt werden. Woher kann das kommen?

Viele Briefe meiner Leserinnen beginnen so:
»Liebe Psychologin! Mein Beruf gefällt mir gut, ich liebe meinen Mann und meine Kinder, aber ich bin deprimiert und habe das Gefühl, daß mir gar nichts gelingt. Ich traue mich nicht, mit meinen Freundinnen darüber zu sprechen.«

Aber genau das müßten wir tun — miteinander über unsere Arbeit reden, uns an alles erinnern, was wir im Laufe eines einzigen Tages ausrichten. Uns gegenseitig loben und ermuntern. Wir müssen gemeinsam gegen Zweifel und Selbstkritik kämpfen. Wir müssen den alten Mythos von der Frau, die alles kann, vom Sockel zerren. Mamas Stimme im Ohr vergessen, die uns sagt, was ein braves Mädchen darf und was nicht.

Dann würden wir feststellen, daß unser Selbstvertrauen größer und die bedrückende Selbstkritik kleiner wird. Wenn ich immer zu der herüberschiele, die tüchtiger ist als ich, die besser kocht, schöner ist, lieber zu ihren Kindern, aufregender im Bett, kann ich sicher sein, daß ich mich niedergeschlagen und selbstkritisch durch den Rest meines Lebens schleppen werde. Und wenn nun ich, die ich anderen Frauen gute Ratschläge erteilen soll, mir selber sagte: Das ist nur blöd, das sind Selbstverständlichkeiten, das kann Frauen keinen Trost und keine Ermutigung bringen, ich richte mehr Schaden an, als ich Gutes tue? Mit einer solchen Einstellung würde meine Arbeit an Artikeln und Büchern bald aufhören, und ich würde Ratsuchenden nur noch privat antworten.

Wenn ich mit mir selber einigermaßen zufrieden sein will, darf ich mir keine unerreichbaren Ziele setzen. Sie müssen so realistisch sein, daß ich mich nach ihnen strecken kann, ohne mir etwas zu verzerren und mich kaputtzumachen.

Lassen Sie uns ein wenig Aufmunterung für die Arbeitsfreude von Frauen mobilisieren. Lassen Sie uns zusammen spielen, Mann, Kinder und Mütter ein Weilchen vergessen, einander in unserer täglichen Arbeit aktiver stützen. Dann wird es vielleicht auch lustiger, mit uns zusammenzusein. Statt zu klagen, wie wir das jetzt eine Weile gemacht haben, wollen wir von nun ab prahlen. Wenn Sie keine Lust haben, mit den eigenen Leistungen zu prahlen, dann nehmen Sie die der anderen.

Hier können Männer uns etwas beibringen. Hören Sie sie sich auf den Tribünen an, wenn ein Fußballspieler ein Tor schießt. »Zugabe! Zugabe!« schreien sie begeistert. Positives Feedback heißt das in der Fachsprache. Ein guter Chef lobt und ermuntert, wenn er sieht, daß jemand gute Arbeit leistet. Ich glaube, daß unsere Ahninnen ein bißchen an unserem schlechten Selbstbild schuld sind. Viele unserer Mütter waren entweder Nur-Hausfrauen oder sie hatten Haushaltshilfen. Das heißt, daß Hausarbeit Ganztagsarbeit war. Wer voll berufstätig war und keine Dienstboten hatte, hatte oft viele Kinder, die aktiv im Haushalt halfen. Sie hüteten die kleinen Geschwister und mußten sogar noch etwas dazuverdienen. Sie schufteten hart, und niemand wünscht sich diese Zeiten zurück.

Aber die Frauen von heute versuchen, in die Fußstapfen der Frauen von damals zu treten. Sie sollen berufstätig sein *und* Brot backen, saubere Fenster, selbstgenähte Sonntagskleider für die Kinder, frischgelegte Haare vorweisen und am liebsten noch in der Gemeindeleitung sitzen. Und die Schwiegermutter soll zum Essen kommen, Tante Anna im Pflegeheim besucht werden, der Sohn muß in den Karateclub und die Tochter zum Schwimmtraining gefahren werden. Der Beruf muß erledigt, der Mann nicht vernachlässigt und Freundinnen getröstet werden. Und vergessen Sie Fußböden und Erotik nicht! Das Auto sowie Säge und Hammer dürfen Ihnen keine Schwierigkeiten machen. Legen Sie doch das neue Parkett im Wohnzimmer selber, das erhöht Ihren Status, und dann müssen Sie den Kindern noch beibringen, Mutter am Muttertag den Kaffee ans Bett zu servieren.

Wie wär's denn noch abends mit einem Kurs für Betriebsleitung? Haben Frauen je etwas über das Delegieren gehört? Frauen wollen Hilfe im Betrieb »Familie«, wollen aber die Kontrolle selber behalten. Schluß damit!

Ich schlage vor, daß Freundinnen sich eine Übersicht über den Arbeitstag von Frauen machen. Daran können Sie dann sehen, was Sie alles tun und was sich rationalisieren läßt. Sie können daran lernen, das Brot beim Bäcker an der Ecke zu kaufen und darauf zu pfeifen, die Wohnzimmerdecke neu anzustreichen und hinter den Kindern herzuräumen. Überlassen Sie den Frühjahrsputz der Familie, verkaufen Sie die Hütte, setzen Sie sich mit einer Tasse Tee hin, lassen Sie Ihre Gedanken wandern, hören Sie Musik, gehen Sie mit Freundinnen aus und lassen Sie Ihren Mann Essen kochen und Kinder hüten.

Sie haben gar keine Familie? Dann geben Sie etliche der 40 Ehrenämter auf und weigern Sie sich, verheirateten Freundinnen mit Problemen zur Verfügung zu stehen. Her mit Ferien und Freizeit im Alltag, auch für Frauen!

Wir müssen einfach das Neinsagen lernen!

28 Das schwächste Glied in der Kette

Sie haben sicher erlebt, wie verschieden Menschen in einer Gruppensituation wirken? Manche sind zäh und stark, und nichts scheint ihnen etwas auszumachen. Andere sind empfindlich und unsicher — und werden scheinbar grundlos verletzt und gekränkt.

So wie die 17jährigen Anne, Bente, Cecilie und Dora, vier gute Freundinnen, die über den Film sprachen, den sie gerade gesehen hatten. Plötzlich geht Cecilie mit einer schroffen und wenig überzeugenden Entschuldigung.

»Was ist denn in die gefahren?« fragt Dora und schüttelt verständnislos den Kopf.

»Cecilie ist im Moment einfach nicht so gut drauf«, erklärt Bente.

In ihrem Zimmer setzt Cecilie sich aufs Bett, bohrt den Kopf ins Kissen und überläßt sich ihren Tränen. Sie traut sich zu weinen, wenn sie allein ist und niemand sie hören oder sehen kann. Es kommt oft vor, daß Cecilie sich ausgeschlossen vorkommt und sich mit ihren Freundinnen nicht wohl fühlt.

Warum verzweifelt Cecilie so leicht? Weil die anderen sich über sie lustig machen und sie nicht ernst nehmen, wenn sie versucht, ihre Gedanken und Erlebnisse zu berichten. Haben die anderen sich über sie lustig gemacht oder kommt es Cecilie nur so vor, weil sie »im Moment einfach nicht so gut drauf ist«?

Die Mädchen haben unterschiedliche Herkunft und Erfahrungen. Anne ist blitzschnell, rauh und munter. Das meiste prallt einfach von ihr ab. Bente ist ruhig und sicher, ein wenig langsam in ihren Reaktionen, aber mit großem Einfühlungsvermögen für die Gefühle anderer Menschen. Dora ist intelligent und leicht arrogant, willensstark und anspruchsvoll an sich und andere. Cecilie ist empfindlich und phantasievoll, sie ist kreativ und intelligent, hat aber wenig Selbstvertrauen. Und warum nicht?

Sie hat zwei ältere Brüder, die sie dauernd necken. Ihre Familie ist oft umgezogen. Der Vater ist tot, die Mutter hat allein die Verantwortung. Cecilie vermißt ihren Vater. In Gesellschaft werden Menschen wie Cecilie oft zum schwächsten Glied der Kette, sie wird zu derjenigen, die auf eine etwas angespannte Situation reagiert oder unter einem zu harten oder flapsigen Ton im Gespräch leidet.

Einige der Mädchen finden Cecilie sicher zu empfindlich und sensibel und machen darüber ihre Bemerkungen, aber sie wissen es auch zu schätzen, daß Cecilie oft witzige und gute Ideen hat und in Filmen Einzelheiten sieht, die den anderen nicht auffallen.

Das kleine Gespräch nach dem Kinobesuch, das der gemütliche Abschluß eines Abends unter Freundinnen hätte werden sollen, wurde zu einem Drama mit Cecilie als Opfer. Aber *keine hatte das gewollt und keine trägt die Schuld.* Keine kann nachher sagen, Cecilie sei einfach nur »nicht gut drauf« gewesen. Andererseits kann auch Cecilie nicht behaupten, die anderen hätten sie bewußt gequält.

Ein dramatischer Film mobilisiert viele Gefühle in uns, Gefühle, die danach nicht sofort wieder zur Ruhe kommen. Wir haben uns in die Handlung eingelebt und Situationen aus unserem eigenen Leben wiedererkannt, Träume und Sehnsüchte, die wir in uns tragen. In den Mädchen, die das Kino verlassen, kocht es. Gleichzeitig gehört zum Stil der Mädchen *das ungeschriebene Gesetz, daß keine sich bloßstellen und mit dem herausplatzen darf,* was in ihr kocht. Deshalb müssen sie sich hinter Keßheit tarnen. Ihr Ton wird rauh und ungestüm. Einige Gefühle müssen vielleicht unterdrückt werden. Cecilies Aussage erscheint in diesem Moment vielleicht als zu intim, und die Mädchen bringen sie zum Schweigen, um sich vor ihren eigenen Gefühlen zu schützen.

Unter Freundinnen, in Cliquen herrscht oft ein unausgesprochenes Machtspiel. Zwei konkurrieren um die Führung. Das kann in der Gruppe eine gespannte und unsichere Situation hervorrufen. Das schwächste Glied in der Kette, Cecilie, die empfänglichste, wird auf diese Stimmung eher reagieren als die anderen.

Das *Zusammenspiel* in der Gruppe ist wichtiger als das Gespräch oder die Wörter, die dabei fallen. Zwischentöne, Körpersprache und Mimik sagen viel über das aus, was abläuft. Wer stützt wen, wer kritisiert wen?

Wenn wir beobachtet hätten, was zwischen Anne, Bente, Cecilie und Dora geschehen ist und Cecilies Art, die Dinge zu erleben, ein wenig kennen würden, dann könnten wir vielleicht verstehen, was sie zu ihrem jähen Aufbruch bewogen hat. Ja, vielleicht hat auch Bente erkannt, was gleich passieren würde, aber sie war zu langsam und den anderen Mädchen gegenüber zu loyal, um rechtzeitig einzugreifen.

So ist es oft zwischen Menschen — eine Situation braut sich zusammen, ohne daß jemand bewußt daran arbeitet. Manchmal ist diese Entwicklung *positiv und erfreulich*, es *zündet,* wie wir sagen, wird plötzlich für alle spannend und witzig. Manchmal wird die Situation *gespannt und leicht aggressiv,* die empfänglichste Person bekommt die *aggressive Gefühlsladung* voll ins Gesicht. In einer solchen Situation hat es keinen Zweck zu fragen, wer die Schuld trägt oder wer angefangen hat. Alle Mädchen tragen gemeinsam die Schuld an dieser Situation. Aber keine versteht den Zusammenhang und versucht deshalb, Cecilie alle Verantwortung zuzuschieben.

Cecilie ihrerseits sieht nicht den Zusammenhang zwischen ihren eigenen Erfahrungen, zum Beispiel dem Necken der Brüder, der Sehnsucht nach ihrem Vater und der Verletzlichkeit, die sie in der Gruppe empfindet. Ihr ist auch nicht klar, daß ihr Temperament sie dazu bringt, stark auf das zu reagieren, was im Zusammenspiel zwischen ihr und anderen Menschen geschieht. Ein stabileres und selbstsicheres junges Mädchen hätte die Situation nicht so erlebt wie sie.

In einigen Jahren wird Cecilie gelernt haben, sich selber zu verstehen. Dann wird sie wissen, daß sie empfindsam, phantasievoll und gleichzeitig ein wenig zu ernst ist. Sie wird wissen, daß sie wenig Sinn für Humor hat und sich in Gesellschaft leicht unsicher fühlt. Sie wird festgestellt haben, daß sie sich Kritik zu sehr zu Herzen nimmt und Situationen falsch einschätzt. Wenn Cecilie so weit gekommen ist, wird sie nicht mehr davonstürzen, sondern lieber versuchen, die Situation zu klären. Die anderen Mädchen werden inzwischen vielleicht gelernt haben, daß Cecilie eben so ist und vorsichtiger mit ihr umgehen.

Inzwischen könnten die Mädchen eine vernünftige erwachsene Person brauchen, die mit ihnen redet und ihnen hilft, solche negativen Situationen in den Griff zu bekommen.

29 Mutter und Tochter

Ich saß ihnen im Zug gegenüber. Die Mutter war sehr gepflegt und vorsichtig gekleidet, die Tochter von etwa 15 hatte ihre Stoppelhaare mit Henna gefärbt und trug Schwarz. Aber ich konnte die Ähnlichkeit der etwas rundlichen Figuren und der blauen Augen mit den fein geschwungenen Augenbrauen gut erkennen.

Ich muß zugeben, daß ich ihr Gespräch belauscht habe, es war schwer zu vermeiden, denn sie sprachen sehr laut.

Die Mutter quoll über vor Ermahnungen, Ratschlägen und Vorsichtsmaßregeln. Es ging um den bevorstehenden Besuch bei der Großmutter in Lillehammer.

»Ich hoffe, du wirst diese schrecklichen Ausdrücke nicht benutzen, die du dir in der letzten Zeit zugelegt hast? Du weißt doch, daß Großmutter so leicht nervös wird!«

Die Mutter sah Titti, wie die Tochter offenbar hieß, flehend an, aber Titti seufzte bloß, kaute Kaugummi und starrte in ihre Zeitschrift.

Der Mutter ging es nicht nur um die Sprache. Es ging auch um Schminke, die Titti nicht benutzen sollte, um Kleider, die die Mutter eingepackt hatte und die Titti anziehen sollte, und vor allem aber um die Musik, um die entsetzliche Musik!

Titti sagte zuerst nur ja und ha. Aber dann zeigten sich wütende Furchen auf ihrer Stirn und sie kaute immer hektischer auf ihrem Kaugummi. Nach einer Weile setzte sie sich dann gegen ihre Mutter zur Wehr.

»Großmutter und ich kennen uns! Viele von meinen Kassetten gefallen ihr. Ich besuch sie viel öfter als du in der letzten Zeit, und ich freu mich darauf, und du nicht, das weiß ich genau!«

Ihre Stimme wurde immer lauter, und sie fing an, Kleider und Aussehen ihrer Mutter zu kritisieren und ihre Stimme und ihre Miene nachzuäffen. Die Situation wurde langsam kritisch.

Die Mutter bekam hektisch rote Wangen, schaute auf die Uhr, warf mir einen unruhigen Blick zu, schüttelte um Entschuldigung bittend den Kopf. Aber trotzdem ließ sie nicht nach in ihren Ermahnungen.

Nun ging es um Tittis schlechten Umgang, um die unbefriedigenden Leistungen in der Schule, und um den Vater, der Titti zuviel Geld gab und kein Verantwortungsgefühl hatte.

Titti sprang plötzlich auf und bat um Geld, verschwand in Richtung Speisewagen und blieb lange verschwunden.

Kaum war sie zurück, legte ihre Mutter mit einer neuen Runde von Ermahnungen los. Nun hoffte sie innig, daß Titti unterwegs nicht mit fremden Jungen gesprochen hatte.

Schließlich sprang Titti auf und warf der Mutter ihre Zeitschrift in den Schoß.

»Ich will nicht mit dir zusammen zu Großmutter! Ich kann dich nicht mehr ertragen, du blöde Kuh!« schrie sie, packte ihre Tasche und verschwand.

Die Mutter seufzte tief.

»Ich verstehe nicht, wie meine liebe, süße Titti so werden konnte«, sagte sie klagend.

Ich sagte nur jaja und schüttelte den Kopf. Ich war stellvertretend für Titti wütend und hatte Angst, die Situation noch zu verschlimmern.

Als die Mutter gegangen war, fragte ich mich: Ob sie zu Titti nicht genau das gesagt hat, was sie einst von ihrer Mutter gehört hat?

Mutter und Großmutter haben ihre alten Gespräche sicher vergessen, aber die Mutter hat ihre Lektion gut gelernt und Titti bekommt das zu spüren.

Die Großmutter ist inzwischen älter und klüger geworden. Sie ist offener und neugieriger. Sie hat sich sogar einen Kassettenrecorder und einige von Tittis Lieblingskassetten zugelegt. Sie macht ab und zu vielleicht auch ein paar Tanzschritte, ganz für sich allein, und findet die Gymnastik für Seniorinnen nur langweilig...

Oft wird das Verhältnis zwischen Mutter und Tochter viel mehr vom Verhältnis, das die Mutter zu ihrer Mutter gehabt hat, geprägt, als wir glauben.

Wenn die Großmutter als Mutter ängstlich und nervös und deshalb um ihre Tochter besorgt war und sie kritisierte, dann trägt die Tochter das in sich und kann es leicht weiterführen. Wenn die Tochter dann langsam zur Frau wird, bricht die Nervosität endgültig aus.

Die Großmutter hatte vielleicht ein schwieriges Verhältnis zu Männern. Das hat sie an ihre Tochter weitergereicht, die es wiederum ihrer Tochter in Form von Skepsis und Mißtrauen und gehässigen Geschichten über untreue und lieblose Männer weitergibt.

Aber zum Glück können wir auch erleben, daß Großmütter *ihrer* Tochter Schwung und Lebensfreude vermittelt haben, und daß die Tochter das dann an ihre Tochter weiterreicht. Wir sehen lebensfrohe Großmütter, muntere, selbstsichere Mütter und lustige, offene Teenager.

Vielleicht wäre es nicht so dumm, den Kassettenrecorder auf Aufnahme zu stellen, wenn Sie ein ernstes Gespräch mit Ihrer Tochter haben, weil sie zu spät nach Hause kommt. Dann können Sie danach hören, was Sie selber gesagt haben. Es kann sein, daß Ihre Ermahnungen zu viele abschätzige Wörter und Wendungen enthalten.

Sie können nichts Schlimmeres tun, als die Freunde oder Freundinnen ihrer Tochter zu kritisieren und sie für das schlechte Benehmen Ihrer Tochter verantwortlich machen. Vielleicht beeinflussen Sie sie selber durch zu große Besorgnis und Kritik.

Es ist wichtig, dafür zu sorgen, daß Ihre Tochter nicht zu selbstkritisch, zweiflerisch und unsicher wird. Es sind Eigenschaften, die sie während ihres ganzen Erwachsenenlebens mit sich herumschleppen wird.

Vergessen Sie nicht, ihr zu erzählen, wie schön es ist, verliebt zu sein, oder von dem Freund, der Ihnen aus einer Klemme geholfen hat. Erzählen Sie von Ihren Erlebnissen, von den Menschen, die Sie kennengelernt haben.

Aber lügen Sie nicht, zuckersüße Wirklichkeitsbeschreibungen hört sie oft genug. Erzählen Sie Ihr über Kummer und Freude, die zusammenhängen, über Schwierigkeiten und Konflikte, aus denen Sie etwas gelernt haben.

Wir leben in einer Zeit der großen Veränderungen. Aber das bedeutet nicht, daß Ihre Lebenserfahrung veraltet ist. Geben Sie ihr etwas von Ihnen selber, aber vergessen Sie nicht, daß sie auch eigene Erfahrungen machen muß.

30 Was habe ich dem Kind, das ich erwarte, zu bieten?

Liebe Psychologin!
Ich bin 25 Jahre alt und schon mit 15 zu Hause ausgezogen. Ich bin Krankenschwester. Ich bin verheiratet, und jetzt erwarten wir unser erstes Kind. Mein Mann und ich verstehen uns so gut. Ich habe auch das Gefühl, daß ich bei ihm ich selber sein darf, ich darf mich frei entfalten, und er findet es spannend zu hören, was ich denke oder meine. Gleichzeitig muß ich nicht immer klug und erwachsen sein.

Was mich aber belastet, ist mein Verhältnis zu meinem Bruder. Er ist so kritisch mir gegenüber. Er tut mir zwar leid, weil er isoliert lebt und unverheiratet ist, aber ich bin oft auch böse und traurig, weil er mich dazu bringt, daß ich mir mißraten und dumm vorkomme.

Als Kinder haben wir uns sehr geliebt und viel miteinander gespielt. Wir haben noch zwei Geschwister, aber die sind viel älter als wir. Ich meine, ich muß Kontakt zu ihm halten, weil er so einsam ist.

Als Kind war ich ungestüm und dickköpfig. Das hat meine Mutter erzählt. Es gab oft Streit und ich war der Sündenbock, diejenige, der immer vorgeworfen wurde, das gemütliche Familienleben zu zerstören. Ich habe nie für das gemütliche Familienleben geschwärmt! Es läßt im Grunde keinen Platz für Leben und Meinungsverschiedenheiten und Temperament und Aktivität. Ja, für alles, was zum lebendigen Leben gehört. Es bietet nur »Sicherheit« — denen, die sich dabei *wohl fühlen. Komischerweise werde ich davon unsicher — weil ich mich nicht entfalten und natürlich sein darf, ohne die Reaktionen fürchten zu müssen. Und je unsicherer ich mich fühle, desto öfter kommt es vielleicht zu solchen Situationen.*

Jedenfalls habe ich gelernt, daß ich diejenige bin, mit der etwas nicht stimmt. Daß ich erzogen und geschliffen werden, mich zügeln, mich verändern muß. Ich bin ganz sicher, daß ich meinen Kindern nicht so ein Zuhause zumuten will. Alle Menschen sollen bei uns sie selber sein dürfen. Ja, die Kinder sollen aus voller Kehle singen dürfen, ohne daß ich die Fenster schließe, damit die Nachbarschaft es nicht hört.

Ich will ein frohes und gutes Zuhause schaffen; ich hoffe, daß mir das gelingt, aber ich habe solche Angst, es könnte herauskommen, daß ich nur schlimm und negativ und egoistisch und streitsüchtig bin, nicht imstande, die angenehme und warme Atmosphäre zu schaffen, die ich mir wünsche. Ich merke, daß mein »innerer Dialog« (haben Sie vielen Dank für Ihre Artikel darüber!) hauptsächlich aus zwei Stimmen besteht, die in dauerndem Streit miteinander liegen. Es gibt die erwachsene Elternstimme, die Bravsein, Rücksichtnahme, Selbstlosigkeit fordert; diese Stimme hat gewissermaßen die Moral im Rücken. Und dann gibt es die »Kinderstimme«, voller Tränen und Protest und Verzweiflung und Selbstverteidigung; sie drückt das Bedürfnis nach Rücksicht auf sich selber, Entfaltung, Genuß aus; sie spricht von Lust und Bedürfnissen. Sie ist stark und trotzig, aber sie verliert immer den Kampf mit der Elternstimme. Ich will ausbrechen und meinen eigenen Standpunkt finden, aber ich traue mich nicht. Dieser Konflikt macht mir angst.

Ich spüre, daß mir eine Stimme der Liebe fehlt, die Verständnis, Toleranz, Großzügigkeit ausdrücken kann. Die mich unvollkommen sein läßt und trotzdem gut genug findet. Die mir nette Sachen sagt und sich freut, wenn mir etwas gelingt. Ich habe diese Liebesstimme bei anderen Menschen erlebt, zum Beispiel bei meinem Mann, wenn er sagt, daß er mich liebt. Aber ich brauche eine in mir selber. Ich würde es auch gern lernen, wütend und gereizt zu sein, ohne ein schlechtes Gewissen zu haben. (Der Brief ist etwas gekürzt.)

Liebe Grüße...

Liebe...
Für mich schreibt eigentlich die Menschenstimme in Ihrem Brief, so, wie sie in jedem Menschen über das Recht auf ein offenes und freies Leben mit eigenen Gedanken und persönlichen Ausdrucksformen für alle Gefühle, für Trauer und Freude, Wut und Verzweiflung, Munterkeit und Spiel spricht.

Gerade jetzt, während Sie ein Kind erwarten, ist es nur natürlich, daß es Sie beunruhigt, wer Sie sind und was Sie Ihrem

Kind menschlich zu bieten haben. Die Zeit, ehe das Kind kommt, wird oft als Öffnungszeit bezeichnet. In dieser Zeit geht es darum, sich innerlich zu öffnen, den inneren Lebensraum umzubauen, um für die Wärme und Zusammengehörigkeit, die ein Kind braucht, Platz zu schaffen. Aber diese innerliche Öffnung ist schmerzlich, weil sie bedeutet, sich klarzumachen, wie die eigene Kindheit war. Wie bin ich selber empfangen worden, welcher Lebensraum wurde mir zugestanden, wie ist mir zugehört worden?

Bei einigen Frauen geschieht diese Arbeit eher im stillen und vielleicht durch fremde und seltsame Träume. Bei Ihnen vollzieht sie sich in Form einer bewußten Konfrontation mit Ihrer Herkunft und Ihren Bedürfnissen. Sie haben ganz offensichtlich in einem Zuhause gelebt, in dem es zu enge Regeln gab, zu wenig Spielraum für Eigenart und Gefühlsreichtum. Ihr Lebensraum ist deshalb für Sie zu eng gewesen.

Nun tragen Sie in sich diese Elternstimme, die die Erziehung darstellt, die Sie erhalten haben. Sie kämpfen darum, sich von dieser Erziehung zu befreien. Ihr Konflikt mit Ihrem Bruder scheint damit zusammenzuhängen, daß er auf der Seite der Elternstimme steht und den Konflikt in Ihnen noch vergrößert. Zum Glück kann ich Sie damit trösten, daß Ihre innere Arbeit in Verbindung mit dem Kind, das Sie erwarten, Sie in diesem Konflikt sicher stärken wird. Sie scheinen in Ihrem Leben über gute Hilfe zu verfügen, die Sie dabei unterstützt, das Zuhause zu schaffen, das Sie sich wünschen. Vielleicht wird die Tatsache, daß er Onkel eines kleinen Kindes ist, auch Ihren Bruder milder stimmen. Wenn Sie ihm helfen, ein richtiger Onkel zu werden, können Sie ihm vielleicht auch einen Weg aus der Einsamkeit zeigen.

Ihr Brief weist darauf hin, scheint mir, daß Sie in der Arbeit, sich darauf vorzubereiten, daß Ihr Kind ein gutes Zuhause bekommt, weit gekommen sind, und daß Ihr Mann Ihnen und dem Kind viel Liebe geben kann. Aber Sie müssen an Ihrer Selbstkritik arbeiten. Sie sind sicher eine lebendige und warme junge Frau, die für Ihr Kind einen warmen Lebensraum schaffen wird.

Liebe Grüße, die Psychologin.

31 Gemeinschaft und der Sinn des Lebens

Ich saß im Friedenslager in einem der Aufenthaltsräume und schrieb. Herein kam Helga, eine der anderen Teilnehmerinnen, mit Eimer und Schrubber, sie wollte putzen. Wir hatten an diesem Tag beide einen Vortrag gehört, der uns beschäftigte, über die Wichtigkeit, die Dogmen und Vorstellungen zu hinterfragen, nach denen in unserem Land die Politik gemacht wird. Helga und ich kamen darüber ins Gespräch, und ich wurde von ihr inspiriert. Helga arbeitet als Ergotherapeutin in einer sozialmedizinischen Abteilung und kümmert sich um Rheumakranke.

»Nach diesem Vortrag fühle ich mich so munter, weil gewissermaßen erlaubt wurde, auf eigene Faust zu denken, sich eigene Gedanken zu machen. Ich hatte mich schon gefragt, ob ich in die Friedensbewegung passe, weil ich so voller verschiedener Ideen stecke und mit Leuten aus allen politischen Lagern befreundet bin. Ich will in keine Schublade kommen, will keiner bestimmten Partei angehören. Aber ich finde Friedensarbeit wichtig, vor allem den Kampf gegen Atomwaffen.«

Helga fuhr ein paarmal mit dem Schrubber über den Boden.

»Weißt du, ich finde Putzen lustig, aber Kochen hasse ich.«

Ich lachte und sagte, daß ich gerne kochen, aber Putzen schrecklich finde.

»Vielleicht kommt das daher, daß ich mich gern bewege.« Helga wirbelte wie ein weißer Tornado durch den Raum, fast wie in einem rasanten Walzer, der zur Volksmusik paßte, die gerade aus dem Kassettenrecorder strömte.

»Das mit der Offenheit finde ich wichtig. Ich will mich nicht einschließen lassen. Und meine Bekannten sagen immer, es inspiriert sie, daß ich so bin.« Helga warf die blonden Haare in den Nacken und lächelte munter.

»Ich versuche, auch den Kindern beizubringen, sie sollten nicht alles glauben, was ihnen in der Schule gesagt wird, sondern selber denken. Du kannst dir ja vorstellen, daß wir lebhafte Diskussionen haben!« Helga bewegte zum letztenmal den Schrubber und ich schrieb fertig. Aber nach einer halben Stunde erschien Helga mit einem Apfel und einer Tafel Schokolade.

»Du brauchst eine kleine Belohnung«, sagte sie, lächelte schelmisch und war verschwunden, ehe ich mich richtig bedankt hatte.

Was ist Glaube? Glaube kann von Religion handeln und Glaube kann sich um Politik drehen. Aber Glaube kann auch von unausgesprochenen und sprachlosen Lebensbereichen handeln. Es kann um den Kampf zwischen Hoffnung und Zweifel, Sehnsucht und Angst vor der Zukunft gehen. Glaube kann vom Verhältnis zwischen dir und mir und der schwierigen Liebe handeln.

Glaube handelt von unserem Vertrauen in die Zukunft und zueinander. Glaube hat auch mit meinem Verhältnis zu mir selber zu tun. Wer religiös oder stark an eine politische oder andere Bewegung gebunden ist, kann Unterstützung für seinen oder ihren Glauben finden. Es gibt Priester und andere Führer, es gibt Regeln und Normen für die Lebensführung, und es gibt schriftliche Ratgeber für alle Lebensbereiche.

Viele, die mir schreiben, bringen Unruhe und Sehnsucht, fehlende Sicherheit und geringes Selbstvertrauen zum Ausdruck. Oft hängen diese Probleme nicht mit den Konflikten und Problemen des Alltagslebens zusammen, sondern mit etwas in der inneren persönlichen Landschaft.

Zu einer Gemeinde, einer Organisation oder einem eher unformellen Netzwerk Gleichgesinnter zu gehören, kann im Leben Sicherheit und festen Boden geben. Aber eine solche Zugehörigkeit kann auch andere Seiten aufweisen. In der Gemeinde, in der Organisation müssen Forderungen und Regeln beachtet werden. Die Forderungen können sich um den rechten Glauben, Loyalitätsbindungen, finanzielle und praktische Verpflichtungen drehen. Sie können schriftlich fixiert sein oder unausgesprochen in der Luft hängen. Sie können in den Haltungen und Ansichten anderer Mitglieder liegen oder durch klare Anweisungen der Führung zum Ausdruck kommen. Viele Frauen haben leider auch die Organisationen der Frauenbewegung so erlebt.

Glaube handelt von dem Bereich des Lebens, der nicht getestet oder bewiesen werden kann. Es gibt mehr zwischen Himmel und Erde, als sogar die Weisen erklären können, heißt es auch. Glaube ist wie der Regenbogen. Am Fuße des Regenbogens sind goldene Schätze vergraben, aber keine kann den Weg dorthin finden, wenn sie mit beiden Füßen auf dem Boden geht. Aber der Regenbogen ist ein wirkliches Wunder, das plötzlich mitten im Alltag auftreten und einen Tag erhellen kann.

Glaube kann einen Regenbogen über den Alltag spannen. Glaube gibt dem Leben Sinn und Ziel. Er gibt Richtschnüre für unser Handeln und unser persönliches Leben. Wenn ich an Vertrauen und Liebe zwischen den Menschen glaube, gebe ich meinen Nächsten eine Chance, dann strecke ich als erste die Hand aus und denke nicht an meinen eigenen Stolz. Dann horte ich meine alte Bitterkeit nicht, sondern kann etwas hinter mir lassen. Dann spüre ich die Wärme zwischen den Menschen.

Wenn ich einen religiösen Glauben habe, gehöre ich auch zu einer menschlichen Gemeinschaft. Ich kann ein reiches Gemeindeleben führen, ich habe Traditionen, die die Jahreswechsel formen, und ich kann mich meiner Beziehung zu Gott hingeben und einen tieferen Sinn allen Lebens finden.

Für viele Frauen sind auch die verschiedenen Organisationen und Gruppierungen der Frauenbewegung genau so eine Gemeinschaft, die Hilfe und Sicherheit gibt. Die Bücher und Zeitschriften der Frauenbewegung haben Ideen und Vorbilder vermittelt. Vielleicht gerade im Bereich des Glaubens, der mit dem eigenen Alltagsleben und der Beziehung zu anderen Menschen zu tun hat.

Für uns, die wir heute leben, ist der menschliche Lebensbereich, den wir die Glaubensfrage nennen, vielleicht der schwierigste. Heute ist der Glaube mehr oder minder zur Privatsache geworden. Das bedeutet größere menschliche Freiheit und weniger Zwang und Lenkung. Aber es kann auch Unsicherheit und Einsamkeit, einen Mangel an Anleitung und Unterstützung im Lebensprozeß bedeuten. Für Kinder und Jugendliche kann das eine Katastrophe sein. Sie müssen Ziel und Richtung im Leben ohne Hilfe finden.

Deshalb ist es wichtig, daß der Glaube nicht zur Privatsache wird. Wir müssen unsere Erfahrungen von der Wanderung in der Landschaft des Glaubens teilen, wir müssen es wagen, zu sagen »Ich glaube«. Wir müssen die Erfahrungen, die unseren Glauben stützen, aber auch die, die unseren Glauben auf harte Proben stellen, weiterreichen. Glaube, der keine Probe erträgt, kann ein zu enges und erstarrtes Gefängnis werden. Glaube, über den ich mit anderen nicht sprechen kann, kann auch leicht zu stickig werden. Wenn ich selbstkritisch oder anderen gegenüber zu kritisch bin, kann mein Glaube von negativen und lebensfeindlichen Haltungen erfüllt werden, die mir und anderen schaden können, weil ich durch meinen Glauben Gewalt gegen andere rechtfertigen oder mich selber quälen kann.

Offener und lebendiger Glaube, Glaube, der im lebendigen Gespräch mit anderen vermittelt und geteilt wird, ist für das Leben Inspiration und Herausforderung. Aber wir brauchen auf unserer eigenen Grundlage die Sicherheit des Bären und Wißbegier und Lust am Spiel des Fuchses. Es ist nicht falsch, Schlafende nach dem Glauben zu fragen. Alle können eine Herausforderung brauchen. Ich kann auch etwas erfahren, das meinen eigenen Glauben auf die Probe stellt. Nicht zuletzt kann das Gespräch mit Kindern und jungen Leuten uns das dringend benötigte Erwachen vermitteln. Kinder und junge Leute nehmen das Leben ernst und denken oft auf frische, neue Weise. Viele von ihnen können uns etwas über Vertrauen beibringen.

Habe ich eine politische Überzeugung, dann kann ich in meiner politischen Organisation sinnvolle Aufgaben finden. Ich kann mit Menschen sprechen, die meine Grundeinstellung teilen, und ich verspüre eine natürliche Zusammengehörigkeit mit der Gesellschaft, in der ich lebe.

Andere Organisationen oder lockerere Netzwerke von Gleichgesinnten können mich auf meiner Reise durch das Leben unterstützen. Ich kann von anderen lernen, ihren Rat einholen.

Heute sind viele Menschen in Glaubensfragen einsam. Sie finden keine natürliche Zugehörigkeit und sind fertigen Lösungen gegenüber skeptisch. Sie stellen die Offenheit und den Umwälzungsprozeß dar, den die Gesellschaft durchmacht. Ihr Standplatz kann einsam und unsicher aussehen, aber sie haben eine Freiheit, die andere brauchen könnten. Ihre suchende Offenheit ist nötig, denn die heutigen Probleme erfordern Umdenken und freiere Zusammenarbeit.

32 Mein Mann unterstützt mich nie

Solveig rief an und bat um einen Termin. Sie sei so deprimiert und meinte, das sei die Schuld ihres Mannes.

Ich bat sie, den Mann zu unserem Gespräch mitzubringen.

Solveig war eine schmächtige, blasse Frau. Ihr Körper war in sich zusammengesunken, aber sie war gepflegt und hübsch angezogen. Ihr Mann, Tor, war groß und hatte eine gute Figur, saß aber im Sessel, als ob etwas ihn nach hinten preßte.

»Tor bemerkt nie, was ich mache, sagt nie etwas Nettes und hilft mir nie«, legte Solveig los, kaum daß wir uns vorgestellt hatten.

Tor versuchte, gegen diese Anschuldigungen zu protestieren, wurde aber von Solveig unterbrochen, die sich weiterhin über ihren Mann beklagte.

»Ich glaube, Tor sieht das anders, und er muß auch zu Wort kommen dürfen«, warf ich ein.

Solveig wandte ihren Blick ab und ich hatte das Gefühl, sie glaubte, ich kritisiere sie.

»Du bist viel zu empfindlich. Und du verdrehst und verzerrst alles, was dir gesagt wird, wenn du deprimiert bist. Du hörst es nicht, wenn ich versuche, dir etwas Nettes zu sagen. In der letzten Zeit bist du öfter bei deiner Mutter als zu Hause bei uns«, sagte Tor.

»Und du bist immer mit deiner Arbeit beschäftigt oder bei Sitzungen«, schrie Solveig fast. »Du magst mich nicht mehr und es interessiert dich nicht, ob unsere Beziehung noch gut ist!«

»Aber Tor ist doch mit dir hergekommen, das weist doch auf ein wenig Interesse hin«, sagte ich und lächelte ihr zu.

»Tor macht immer, was ich will«, sagte Solveig und wirkte überrascht.

»Du bestimmst also in der Familie?«

»Das können wir mit gutem Gewissen sagen«, lachte Tor.

»Ich kann mir vorstellen, daß du viel Ideen und Tatkraft hast«, fuhr ich fort und versuchte, etwas besseren Kontakt zu Solveig zu bekommen, aber sie blieb stumm.

»Das steht fest, und darüber freue ich mich. Ich bin im Privatleben zu wenig erfinderisch«, sagte Tor und schaute seine Frau warm an.

Aber Solveig bemerkte Tors warmen Blick nicht, sondern klagte weiter. Sie wollte weitere Beispiele für das aufzählen, was Tor nicht wollte, aber ich unterbrach sie und fragte, ob sie gehört hätte, daß Tor ihr gerade ein Kompliment gemacht hätte.

Solveig schaute mich verwirrt an. Offenbar hatten weder Tor noch ich sie erreicht. Und im Laufe unseres Gesprächs wurde es nicht besser. Solveig verlor immer mehr den Kontakt zu uns, weil sie sich von Tor und von mir kritisiert fühlte.

Aber sie gab zu, daß sie sehr hohe Anforderungen an sich und die Familie stellte. Sie war selten zufrieden, wenn Mann oder Kinder im Haushalt zu helfen versuchten. Es war nie gut genug.

Es war wichtig, Solveig ein neues Bild ihres Mannes zu zeigen, und nach und nach richtete ich ein Großteil meiner Aufmerksamkeit auf ihn. In unseren weiteren Gesprächen erfuhr ich, daß er Probleme am Arbeitsplatz hatte. Rationalisierungsmaßnahmen und innerbetriebliche Umstellungen hatten unter den Angestellten große Unruhe und Unsicherheit hervorgerufen. Ihn selber berührten die Veränderungen nicht, aber viele wollten mit ihm über die Lage der Dinge sprechen. Tor erzählte eifrig und engagiert von mehreren Kollegen, denen er zu helfen versuchte.

Solveig starrte ihn verblüfft an.

»Das hast du mir ja nie erzählt! Du erzählst mir überhaupt nie etwas!« sagte sie laut und schmollend.

»Einen Moment, Solveig!« bat ich. »Du kritisierst Tor die ganze Zeit, und dann kommt er nicht zu Wort. – Wirst du nicht böse, wenn sie ungerecht ist?« fragte ich dann Tor.

Er antwortete nicht, starrte nur zu Boden und rutschte unruhig auf dem Stuhl hin und her.

»Ich habe Tor noch nie wütend gesehen. Er wird nur mürrisch und geht«, sagte Solveig.

»Ihr scheint in verschiedenen Welten zu leben und zu wenig miteinander zu teilen. Du, Solveig, kritisierst Tor, und dann zieht er sich zurück. Du, Tor, teilst dein Leben außer Haus zu wenig mit Solveig, und das macht sie unsicher und dann kritisiert sie dich nur noch mehr. Das ist ein Teufelskreis«, erklärte ich.

Solveig und Tor blickten sich an und nickten.

Ich bat sie, von ihrem Leben, ehe sie sich kennengelernt hatten, zu erzählen.

Tor kam aus einem kleinen Dorf. Seine Eltern waren streng und sehr religiös. Er zog früh von zu Hause fort, gegen den Willen seiner Eltern. Er arbeitete und machte nebenher eine Ausbildung. Die Arbeit wurde für ihn das Wichtigste, und er entwickelte kein soziales Leben außerhalb des Arbeitsplatzes. Es kam ihm wie ein Wunder vor, daß Solveig ein Auge auf ihn warf. Durch sie kamen Sonne und Freude in sein Leben, wie er es ausdrückte.

Auch Solveig hatte Eltern gehabt, die strenge Forderungen an ihre Kinder stellten, aber es war ein lebhaftes Zuhause, mit vielen Aktivitäten und Besuchen. Solveig wohnte noch zu Hause, als sie Tor kennenlernte. Sie war eine genaue Kopie ihrer Mutter und richtete sich bei allem nach ihr.

Zuerst hatten Solveig und Tor zwei gute Jahre. Aber Solveig gab ihren Beruf auf, als die Kinder kamen, und ihre Beziehung erstarrte. Sie blieben in ihrem schlechten Zusammenspiel stecken, das ich bei unseren Gesprächen miterlebt hatte. Solveig wurde immer deprimierter und nahm Medizin. Erst, als sie zu einem anderen Arzt ging, kam ihre Familiensituation zur Sprache.

Solveig und Tor mußten zusammenarbeiten, um ihr negatives Zusammenspiel zu brechen. Ich hielt zuerst Solveigs Verhältnis zu ihrer Mutter für eins der größten Probleme. Aber da irrte ich mich. Die Mutter nahm sehr gern an einem unserer Gespräche teil. Es stellte sich heraus, daß es ihr große Sorgen machte, wenn Solveig sich dauernd bei ihr beklagte.

Tor brachte sein Verhältnis zu seiner Schwiegermutter in Ordnung, und alle drei diskutierten, wie sie einander Hilfe und Freude geben könnten.

Auch die Kinder nahmen einige Male an unseren Gesprächsterminen teil. Sie hatten sich wegen der ewigen Kritik und Nörgelei von ihrer Mutter zurückgezogen, nun aber wurden klare Abmachungen darüber getroffen, wer zu Hause was machen sollte. Solveig mußte üben, sich nicht in die Arbeit der anderen einzumischen.

Tor mußte seine außerfamiliären Aktivitäten reduzieren und trainieren, im Familienleben mehr Phantasie zu entwickeln.

Solveig und Tor fanden viel Hilfe bei den anderen Familienmitgliedern, um die negativen Dinge, die ihr Familienleben geprägt hatten, zu verbessern, und Solveig legte schließlich ihre Depressionen ab.

33 Das menschliche Zusammenspiel

Nina und Gunnar sind verheiratet. Sie streiten sich viel, sie und ihre Kinder im Teenageralter sind erschöpft, von Scheidung war schon die Rede, aber noch immer gibt es auf beiden Seiten warme Gefühle. Die Bekannten werden mit hineingezogen und haben es gründlich satt. Nina sagt, sie stritten sich, weil Gunnar zu trinken angefangen hat — Gunnar sagt, Nina sei streitsüchtig und sauer und deshalb trinke er. Die Kinder sind zu selten zu Hause und mit den Noten geht es bergab. Petter, der eine Sohn, ist der Störenfried der Klasse.

Diese Situation finden wir recht oft in Familien, wo die Beziehungen Probleme machen. Manchmal trinkt Gunnar, manchmal Nina, manchmal beide. Und sie haben andere schwierige Probleme, sie kommen finanziell zum Beispiel nicht zurecht, obwohl beide gut verdienen. Das Problem ist, daß sie nicht gemeinsam planen können. Dann ist es leicht, wie Nina und Gunnar es tun, einander verantwortlich zu machen, oder den Kindern, die zuviel haben wollen, die Schuld zuzuschieben. Gunnar sagt, er trinkt, *weil* Nina streitsüchtig und sauer ist, Nina sagt, sie streiten, *weil* Gunnar trinkt.

Die Forschungen über menschliches Zusammenspielen zeigen, daß wir die Beziehungen zwischen Menschen besser verstehen und mehr Möglichkeiten sehen, eine negative Situation zu ändern, wenn wir die Situation eben als *Zusammenspiel,* als *Ganzes* auffassen. Wir können nicht nur eine Person verantwortlich machen, wenn es in der Familie Probleme gibt.

Nina, Gunnar, der Sohn Petter und die Tochter Ingrid sitzen zusammen im Familienboot. Aber auch die Eltern von Nina und Gunnar, Bekannte, die Klasse des Störenfrieds Petter und seine Lehrerinnen und Lehrer, möglicherweise Arbeitskolleginnen und Kollegen und andere können in diesem Zusammenspiel wichtige Rollen übernommen haben.

Wenn Gunnar wirklich ein ernsthaftes Alkoholproblem hat, ist auch die Flasche eine wichtige Teilnehmerin. Und der Alkohol ist ein Problem, das die Situation nur verschärft. Aber der Alkohol ist normalerweise nicht die Ursache von Familienproblemen.

Gunnar kauft für Nina einen Blumenstrauß. Er stellt die Blumen im Wohnzimmer auf den Tisch, um sie zu überraschen, wenn sie von der Arbeit kommt. Nina sieht die Blumen, begreift aber nicht, daß sie für sie sind, weil Gunnar nichts sagt. Sie erwähnt sie nicht, und Gunnar ist enttäuscht und hat das Gefühl, daß es ja doch keinen Zweck hat, wenn er sich Mühe gibt. Er schenkt sich ein Glas ein und sie sind wieder im alten Muster: Nina ist sauer, sie streiten.

Damit Nina glauben kann, daß Gunnar nach neuen Wegen sucht, muß er das klar und deutlich zeigen. Gunnar, der ziemlich gehemmt ist, kann nicht leicht offen sein und zeigt seine Zuneigung lieber versteckt. Es wird für das Ehepaar schwer, einander zu erreichen. Ihre Art zusammenzuspielen, läßt die positiven Versuche oft sterben.

Wenn Nina Gunnars Lieblingsessen kocht oder wenn sie die sexuelle Initiative ergreift, muß sie schnell eine Antwort von ihm bekommen; sonst fühlt sie sich abgewiesen und enttäuscht. Gunnar aber braucht Zeit, deshalb antwortet er zu spät und die positive Glut ist erloschen. Der *Wille* ist gut, der *Weg* ist der falsche.

Wenn Gunnar und Nina über solche Episoden diskutieren, sind beide sehr verwirrt, weil sie nicht verstehen, was vor sich geht. Im nachhinein begreift Nina, daß Gunnar ihr mit den Blumen eine Freude machen wollte, und sie kann einsehen, daß sie ihn enttäuscht hat, als sie nichts dazu sagte. Aber sie kann seinen Versuch, ihr eine Freude zu machen, nicht so recht nachvollziehen, weil sie sich nur daran erinnern kann, daß er danach getrunken hat und daß es zu einem Streit kam.

Gunnar kann verstehen, daß er ihr die Blumen hätte geben sollen, aber er kann nicht hinnehmen, daß sie seine gute Absicht nicht versteht, wenn die Blumen auf dem Tisch stehen, und er kann seine Enttäuschung nicht verstecken. Wenn sie darüber diskutieren, verwickeln sie sich oft in weitere Mißverständnisse und neuen Streit. Um etwas zu lernen, was sie weiterbringen kann, müssen sie in dem Prozeß suchen, der sich zwischen ihnen entwickelt.

Wenn wir versuchen wollen, eine Situation zu klären, die sich zwischen zwei oder mehr Menschen ergeben hat, ist es leicht, sich im Inhalt zu verlieren: Wer kocht, wann ist es passiert, wer war verantwortlich? Was ist überhaupt passiert? Es kann sogar schwer sein, sich über den ganz konkreten Verlauf zu einigen. Wenn die Situation dramatisch und gefühlsbetont ist, wird sie dadurch noch schwieriger.

In sozialen Zusammenspielsituationen zählen die Kleinigkeiten: Mienenspiel, Zwischentöne, fast unmerkliche Körperbewegungen. Außerdem werden oft vergangene Ereignisse mit einbezogen; der Streit von gestern, Kindheitserlebnisse, etwas, was am selben Tag bei der Arbeit passiert ist, und andere Dinge, die gerade das Gemüt bewegen, färben das Erlebnis ebenfalls.

Das Zusammenspiel zwischen zwei Menschen in kleinen Alltagssituationen kann spielerisch und lustbetont, witzig und hintergründig sein und warmen und tiefen Inhalt haben, es kann sich aber auch um ein gespanntes Drama von Macht und Abhängigkeit handeln.

Nina und Gunnar erleben fast alle Situationen unterschiedlich. Sie müssen lernen, diesen Unterschied zu respektieren. Sie müssen beginnen, sich dafür zu interessieren, wie das Gegenüber die Situation erlebt, und dürfen nicht alles als Abweisung oder Kränkung auffassen. Wenn sie lernen, das gegenseitige Recht auf das persönliche Erleben hinzunehmen, besteht die Möglichkeit eines viel lebendigeren, phantasievolleren und lustbetonteren Verhältnisses zu einander und sicher auch zu den Kindern.

Nina und Gunnar mühen sich mit ihrer Beziehung ab. Sie haben nicht aufgegeben, aber ohne Hilfe kann die Situation so erschöpfend werden, daß eine Scheidung die einzige Lösung ist. Sie müssen Hilfe suchen, ehe jemand sich anderweitig verliebt, oder ehe Gunnars Alkoholprobleme so ernst geworden sind, daß der Alkohol ihr ganzes Leben dominiert.

Zu viele Paare gehen zu spät zur Familienberatung, und dann kann die Beraterin ihnen nur noch bei der Scheidung helfen. Die Familienberatung kann nämlich auch sehr negatives Zusammenspiel noch zu positivem Wachstum und neuer Entwicklung wenden, zu einer Entwicklung, von der nicht zuletzt eventuell vorhandene Kinder profitieren werden. Für die meisten Kinder ist eine Scheidung sehr schlimm, deshalb müssen wir Erwachsenen unsere Probleme rechtzeitig in den Griff bekommen.

34 Wenn die Familie keine »Chefin« mehr braucht

In meinem Büro sitzt Eva, eine Sozialarbeiterin, mit der ich früher zusammengearbeitet habe. Nun habe ich sie seit einigen Monaten nicht mehr gesehen. Eva ist eine üppige erwachsene Frau, die sich mit sicherem persönlichen Geschmack anzieht. Ich bin daran gewohnt, sie mit funkelnden Augen und einer munteren Bemerkung für alle zu erleben — sie ist für ihren »draufgängerischen« Humor und ihre große Arbeitskraft bekannt.

Aber heute ist sie eine andere. Sie hat eine besorgte Furche auf der Stirn, ihr Körper ist in sich zusammengesunken, ihr munterer roter Pullover wirkt fehl am Platze unter dem blassen, unruhigen Gesicht.

»Ich rede zum ersten Mal über mich und meine Familie, ich habe sonst immer so strenge Grenzen zwischen Beruf und Privatleben gezogen«, sagt sie. »Aber jetzt ist alles so verfahren. Ich kann nicht mehr, grüble und grüble, aber alles wird nur immer schlimmer. Mein Mann und meine Kinder sind wütend auf mich.«

»Wie lange ist das schon so?«

»Ich glaube, so richtig hat es vor einigen Monaten angefangen, und in der letzten Zeit ist es noch schlimmer geworden. Alles, was ich sage und mache, ist falsch.«

»Du hast das Gefühl, daß deine Familie nicht mehr auf dich hört?«

Eva war als tüchtige Organisatorin und Planerin bekannt. Sie erzählte, daß Haus und Kinder nur so »rutschten«, wie sie sagte. Die Kinder hatten ihre festen Aufgaben, sie und ihr Mann teilten sich die restliche Arbeit. Trotzdem war sie oft erschöpft und hatte das Gefühl, zu Hause alles überwachen zu müssen, damit es lief.

Nachdem sie zwei Tage auf einem Kurs gewesen war, hatten Mann und Kinder die Hausarbeit neu verteilt und sie von Saubermachen und Aufräumen befreit. Sie sagten, sie wollten sie entlasten und ihr mehr Freizeit verschaffen, weil sie so oft über

Erschöpfung klagte. Außerdem hatten sie es satt, daß sie sich immer in ihre Arbeit einmichte, auch wenn die tadellos ausgeführt war.

Es war offensichtlich, daß die Familie die Verantwortung selber übernehmen und nicht mehr Evas Kontrolle unterworfen sein wollte. Und das erschien ihr als der große Konflikt.

»Ich habe sie versorgt und ihnen geholfen und versucht, alles zum ›Rutschen‹ zu bringen, und sie sind bloß unzufrieden!« Wieder weinte Eva.

»Du kannst nichts Positives darin sehen, daß sie dich entlasten wollen?«

»Sie schalten mich fast ganz aus. Ich darf gerade noch cin bißchen kochen und flicken.«

Gegen meinen Willen mußte ich lachen.

»Tut mir leid, Eva, aber ich kann dich nicht auf der Seitenlinie sehen. Du ergreifst doch sonst immer die Zügel. Kann es sein, daß du eine Art Angst bekommst, wenn du nicht die Kontrolle über die Situation hast?«

Meine Frage löste neue Tränen aus. Angst war es, was Eva plagte.

Wir Menschen müssen mehrere Phasen im Leben durchmachen. Wenn die Kinder älter werden, beginnt ihr Befreiungsprozeß, durch den sie erwachsen und selbständig werden sollen. Die Eltern werden oft in eine entsprechende Krise gestürzt — auch sie müssen sich ändern und der neuen Situation anpassen. Eltern erleben das unterschiedlich. Evas Mann solidarisierte sich ganz offensichtlich mit den Kindern. Deshalb fühlte Eva sich in einer Situation, in der sie seine Hilfe brauchte, von ihm im Stich gelassen. »Das Haus«, das sie um sich gebaut hatte, wurde unsicher.

Ich verließ mich darauf, daß Eva volles Vertrauen zu mir hatte, und entschied mich für eine direkte, etwas harte Strategie. Ich glaubte nämlich nicht, daß sie Behandlung brauchte, wenn sie diese Situation nur positiv ausnützen könnte.

Ich erklärte Eva, daß ihr Mann dadurch, daß er sich auf die Seite der Kinder stellte, indirekt zum Ausdruck brachte, daß er sich in ihrer Beziehung unterdrückt fühlte und daß er nicht mehr mit ihr zusammenleben wollte, wenn es keine Änderung gäbe.

Er wünschte sich eine andere Lebensweise. Das gab Eva Grund zum Überlegen. Ihr war nicht klar gewesen, wie ihr Mann ihr Familienleben empfand. Sie war zu sehr mit Lenken und Kontrollieren beschäftigt gewesen.

Ich erklärte ihr, daß eine »Mamachefin« nett sein kann, wenn die Kinder klein sind, daß sie aber auf die Dauer erstickend wirkt. Eva hatte bei der Arbeit dieselbe Kritik gehört, aber dort hatte sie sie positiv aufgefaßt und sich zu einem neuen Aufgabenteilungsplan bereit erklärt, der die Arbeit anders einteilte und den anderen in der Gruppe mehr Selbständigkeit gab.

Als ich die Situation zu Hause mit der im Beruf verglich, mußte sie lachen. Daran sah ich, daß sie mit einiger Unterstützung die neue Lage würde meistern können.

Ich traf mich dreimal mit Eva. Unsere Gespräche drehten sich um die Prozesse im Menschenleben und um die Krisen, die wir durchmachen müssen, um als Menschen zu wachsen.

Sie gab zu, daß sie im Grunde auf ihre Kinder eifersüchtig war, die bessere Möglichkeiten und größere Freiheit hatten als sie früher. Sie war die pflichtbewußte älteste Tochter gewesen, die die Mutter entlastet und immer geholfen hatte. Sie hatte früh arbeiten müssen und sich nebenbei mit der Schule abgemüht. Sie hatte zu wenig Gelegenheit gehabt, herauszufinden, wer sie war und was sie wollte.

Eva konnte mit dem Wissen, das ich ihr vermittelt hatte, zur Familie zurückkehren und eine Annäherungsweise an sie finden. Sie mußte ihre Führungsrolle zu Hause aufgeben, bekam dafür aber die Möglichkeit, andere Lebensweisen zu erforschen. Und dabei stellte sich dann schließlich auch heraus, daß ihr Mann ihr entgegenkam.

35 Ich bin zu abhängig von meinem Mann

Liebe Psychologin!
Ich habe erkannt, daß ich Hilfe bei meinen Problemen brauche. Sie sind eigentlich nicht groß, und ich finde, daß ich schon ziemlich weit gekommen bin. Und zum Glück habe ich viele Freundinnen, die mir helfen, wenn ich Schwierigkeiten habe. Aber jetzt komme ich nicht weiter, glaube ich.

Ich versuche, in mich zu gehen und herauszufinden, was ich fühle und warum. Ich glaube einfach, daß ich Angst habe, die Kontrolle über mein Leben zu verlieren. Das ist nur manchmal so; manchmal komme ich auch gut zurecht, vor allem, wenn ich merke, daß ich mein Studium usw. schaffe. Außerdem ist es sehr wichtig, daß ich mich in der Beziehung zu meinem Freund sicher fühle. Wenn ich mich von ihm abgewiesen fühle, stürzt mein ganzes Selbstvertrauen ein. Dann geraten wir in einen Teufelskreis, wo ich noch mehr Liebe und Aufmerksamkeit brauche und schrecklich klettenhaft werde, während er natürlich immer abweisender wird.

Ich weiß, daß ich zu abhängig von ihm bin. Ich möchte, daß er der ›Prinz auf dem weißen Pferd‹ ist, der alle meine Bedürfnisse befriedigt und meine Probleme löst. (Auszug aus einem langen Brief)

»Abhängig«

Liebe »Abhängig«!
Sehr viele Frauen werden sich in Ihrem Brief wiederfinden. Es fällt Frauen leicht, von dem Mann, mit dem sie zusammen sind, abhängig zu werden. Woher kommt das? Und was bedeutet es, abhängig zu sein?

Sie selber erklären es damit, daß Sie einen sehr dominanten Vater hatten, der die volle Kontrolle über Ihr Leben verlangte: »Ich habe immer sehr an meinem Vater gehangen und sehe ja ein, daß ich unbewußt versuche, dieses Verhältnis zu wiederholen. Deshalb bin ich enttäuscht und verzweifelt, wenn mein Freund nicht so reagiert wie mein Vater.«

Ihre Erklärung kann auf den ersten Blick bestechend einfach

wirken. Diese Art von Erklärungen finden wir oft, wenn wir über unser Leben nachgrübeln. Aber unsere persönlichen Probleme haben in der Regel keine so »einfache« Erklärung. Was *Sie* erleben, ist, daß Sie von Ihrem Freund abhängig sind. Was er tut und sagt, hat ungerechtfertigt viel Einfluß auf Ihre eigenen Gefühle und Reaktionen. Von jemandem abhängig sein bedeutet, die eigenen Gefühle und Taten von denen des oder der anderen »übertönen« zu lassen. Das führt zu Verwirrung, Gebundenheit, Willenlosigkeit...

Aber dahinter liegen auch Wut, Empörung und der Drang nach Selbständigkeit. Das gilt auch für Ihre alte Beziehung zu Ihrem Vater. In Ihnen steckt genügend Drang zum Aufruhr. Solche Gefühle werden aber so negativ erlebt, daß Sie sie ersticken und einsperren müssen. Dadurch ersticken Sie auch Ihren Willen und Ihre Tatkraft.

Ich glaube ehrlich gesagt, daß Sie für Ihren Freund ziemlich widersprüchliche Gefühle hegen. Sie merken, daß er Ihnen nicht richtig zuhört, daß er sehr mit sich selber beschäftigt ist. Sie schreiben, daß er Probleme hat, entschuldigen ihn aber, weil Sie fest entschlossen sind, Ihre Beziehung nicht aufzugeben.

Wenn wir uns für einen Partner oder eine Partnerin entscheiden, dann geschieht das oft aus den aus unserer eigenen Familie mitgebrachten Mustern heraus. Das sind Muster, die wir kennen und in denen wir uns sicher fühlen. Viele geraten dadurch in Paarbeziehungen, in denen sie, ehe sie das selber merken, bereits alte Konflikte und Reaktionen neuinszenieren. Die Frau kann *seine* Mutter werden, der Mann *ihr* Vater. Auch Erfahrungen aus früheren Liebesbeziehungen oder Ehen können auf diese Weise wiederholt werden.

Solche alten Muster machen uns blind, hindern uns daran, den Menschen zu sehen, zu dem wir eine Liebesbeziehung haben. Wir sehen diesen Menschen oft durch einen romantischen Schleier und wollen nicht zugeben, daß er positive *und* negative Seiten haben kann. Oder wir sehen Partnerin oder Partner im Licht früherer negativer Erfahrungen, und auch das kann unser Bild verzerren.

Aber eine Beziehung wird nicht nur durch solche alten Muster bestimmt. Unser Verhältnis zur Liebe hat auch etwas mit unseren gesellschaftlichen Mustern zu tun. Welche Bilder haben Sie von der Liebe? Überlegen Sie sich, was wir Frauen von Illustrierten und Liebesgeschichten serviert bekommen, während Männer mehr über die Bedeutung von Ausbildung und Arbeit lernen, darüber, wie wichtig es ist, es in dieser Welt zu etwas zu bringen. Es wird behauptet, neun Zehntel der Aufmerksamkeit von Frauen rotiere um die Beziehung zu einem Mann, während er sich hauptsächlich mit seiner Arbeit und verschiedenen Interessen befaßt. Wenn die Frau mehr von ihm will, zieht er sich oft noch mehr zurück.

Eine klare Lösung für das Problem gibt es leider nicht. Aber versuchen Sie, Ihre Beziehung genau zu untersuchen. Wahrscheinlich wird es in der nächsten Zukunft nicht sehr viel besser werden. Ist diese Beziehung die richtige für Sie? Oder wäre es möglich, daß Sie einfach bei einem sehr dominierenden Partner gelandet sind? Möchten Sie auch in zehn, zwanzig Jahren noch dominiert werden? Möchten Sie einen Partner, der auch Ihren Kindern gegenüber dominant auftritt?

Finden Sie, ich male Ihren Freund zu schwarz? Ich versuche nur, ein wenig an Ihrem romantischen Bild zu rütteln. So, wie es jetzt ist, laden Sie die ganze Schuld für Ihre Probleme auf sich. Das fällt Frauen zu leicht.

Ich glaube, Sie sollten Ihrem Freund vorschlagen, in einem Büro der Familienberatung Ihre Beziehung mit einer neutralen dritten Person zu besprechen. Dann wird Ihnen entweder geholfen, alte Muster hinter sich zu lassen und eine gleichwertigere Beziehung zu entwickeln, oder Sie stellen vielleicht fest, daß Sie sich trennen sollten.

Liebe Grüße, die Psychologin.

36 Abhängigkeit ist keine Liebe

Warum lassen viele Frauen sich oft jahrelang erniedrigen? Der Mann, mit dem sie zusammenleben, kann immer wieder untreu sein, sie quälen und ihr Selbstvertrauen untergraben und sie sogar schlagen. Er kann tagelang verschwunden bleiben, ohne daß sie weiß, wo er ist, und er kann den Lebensunterhalt der Familie vertrinken. Trotzdem bleibt sie. Ich habe von mehreren Leserinnen Briefe bekommen, die genau diese Situation beschreiben. Aber sie möchten diese Briefe aus natürlichen Ursachen nicht veröffentlicht sehen. Mariannes Geschichte ist typisch. Ich habe sie bei einem Kurs für Gesundheits- und Sozialpersonal kennengelernt. In einer Pause bat sie mich um ein Gespräch.

Marianne arbeitete als Krankenschwester. Sie mochte ihren Arbeitsplatz. Aber ich hatte auch den Eindruck, daß immer sie diejenige war, die Extraarbeit leistete und nur selten aufbegehrte.

Ich konnte sehen, daß Marianne eigentlich eine schöne Frau war, mit ihren großen dunkelblauen Augen und den rotbraunen Haaren, aber nun sah sie erschöpft und grau aus. Ihr Blick war scheu, und jede plötzliche Bewegung schien sie wie ein verängstigtes Tier verscheuchen zu können. Sie war sehr dünn und ihre Stimme klang verängstigt und gepreßt.

Mariannes Mann war im öffentlichen Dienst tätig, er stand ziemlich oben in der Gemeindehierarchie. Er war extrovertiert, verreiste oft, hatte eine elegante Fassade und konnte charmant und aufmerksam sein. Nur wenige kannten die Kehrseite der Medaille.

Marianne kannte sie. Ihr Mann spielte auf seinen Reisen mit Frauen. Er verführte sie und versprach ihnen das Blaue vom Himmel. Immer wieder hatte Marianne weinende Frauen an der Strippe. Und auch in bezug auf Geld war auf ihren Mann kein Verlaß.

Wie konnte es möglich sein, daß Marianne diese schmerzliche Situation hingenommen hatte? Ich nahm an, daß sie schon früh gelernt hatte, sich mit schlechter Behandlung abzufinden.

Mariannes Geschichte konnte einen Teil dieses Rätsels lösen.

Sie kam aus einer Familie mit unzuverlässigen Eltern. Schon mit sieben, acht Jahren hatte sie sich abends um ihre kleinen Geschwister kümmern müssen, während ihre Eltern ausgingen. Oft mußte sie in der Nachbarschaft Hilfe suchen, weil die Eltern weggegangen waren und es im Haus nichts zu essen gab. Wenn die Eltern dann endlich nach Hause kamen, wurden plötzlich rauschende Feste mit vielen Süßigkeiten veranstaltet.

Auch Mariannes Eltern hielten ihre Fassade, und Marianne lernte meisterlich, ihren Bluff mitzuspielen. Oft kam Besuch zu ihnen nach Hause. Dann versuchten ihre Eltern mit aller Kraft, sich als Mustereltern aufzuspielen, und Marianne war süß und lieb und wohlerzogen. Sie wurde früh diejenige, die allen anderen half.

Marianne war ganz entsetzt, als ich behauptete, daß sie für ihre Situation mitverantwortlich war, da sie ihr Muster von zu Hause mitgebracht hatte. Es paßte zu dem Lebensmuster ihres Mannes.

Weder ihren Eltern noch ihrem Mann gegenüber hatte sie je zu zeigen gewagt, wie wütend, verzweifelt und einsam sie sich eigentlich fühlte. Als ich darauf hinwies, wurde Marianne plötzlich böse und wollte gehen, beruhigte sich aber nach und nach und gab zu, daß sie Hilfe brauchte, um sich aus ihrer Lage zu befreien. Zum Glück besuchte Marianne den Kurs zusammen mit einer Kollegin, die sie gut kannte. Ich konnte sie dazu überreden, ihre Kollegin ins Vertrauen zu ziehen, damit sie Marianne im Heimatort helfen könnte, fachkundige Hilfe zu finden.

Aber, wie gesagt, Marianne ist nicht die einzige. Viele Frauen verwechseln ein Abhängigkeitsverhältnis mit Liebe. Das kommt nicht zuletzt davon, daß wir von klein auf mit Vorstellungen von romantischer Liebe vollgestopft werden. Labile, egoistische und selbstgenießerische Männer können das romantische Spiel oft so lange durchhalten, bis sie eine Frau am Haken haben.

Wenn eine Frau sich aus einer solchen Abhängigkeit befreien soll, braucht sie Hilfe, wenn auch nicht in erster Linie Hilfe, um aus ihrer Beziehung auszubrechen. Wenn sie ausbricht, ohne den Zusammenhang zwischen ihrer früheren Lebensform und der jetzigen verstanden zu haben, besteht die große Gefahr, daß sie einen neuen Mann findet, der sie in ein ähnliches Zusammenspiel hineinzieht.

Was hat Marianne zu Hause gelernt? Vor allem hat sie gelernt, sich betrügen zu lassen. Menschen, die andere Menschen ausnutzen, benehmen sich genau wie Mariannes Eltern. Manchmal sind sie nett, liebevoll und aufmerksam und wecken Hoffnung auf eine Veränderung zum Besseren. Aber gleich darauf folgt wieder die Enttäuschung. Es wird ein dramatisches Berg-und-Talbahn-Leben, das nicht nur zu Verwirrung und Unsicherheit führt, sondern auch zu Abhängigkeit. Manche verwechseln das mit Liebe. Wenn Marianne ihr Leben verändern will, muß sie vor allem verstehen lernen, wie andere ihre Gefühle benutzen können. Dann muß ihr geholfen werden, sich selber kennenzulernen und in ihrem eigenen Leben Selbstvertrauen und Sicherheit zu finden.

Marianne und andere, die seit vielen Jahren in einem negativen Zusammenspiel leben, brauchen in der Regel eine lange Behandlung, um im Leben wirklich festen Boden unter den Füßen zu finden.

37 Wenn der Alkohol versteckt wird

Manche Frauen, die mir private Briefe schreiben, klagen über den Alkoholkonsum ihrer Männer. Außerhalb der Familie weiß niemand davon, da die Familie den Vater deckt und die Probleme verheimlicht. Viele dieser Frauen berichten, daß ihr Mann

ein tüchtiger Familienernährer ist. Er arbeitet hart und kümmert sich auch um die Kinder. Getrunken wird im Halbverborgenen. Die Ehefrau findet die Flasche im Schrank, und pro Wochenende werden ein oder zwei Flaschen Schnaps verbraucht. Aber am Montag ist er wieder bei der Arbeit. Über das Problem wird nicht gesprochen, die Frau glaubt, die Kinder wüßten nichts davon, aber sie selber leidet. Sie hat das Gefühl, die Ehe sei tot, kann sich aber eine Scheidung nicht vorstellen — wegen der Kinder. Sie glaubt, alles zu tun, um ein gutes Zuhause zu schaffen und eine gute Ehefrau zu sein, aber die sexuelle Beziehung macht ihr keine Freude.

Solche Familienverhältnisse sind nicht selten. Das wissen wir durch Untersuchungen von den Männern, die Entziehungskuren machen, weil die Kinder Probleme bekommen und die Familie sich an die Schulpsychologin oder die Kinderpsychiatrie wendet, oder weil die Frau aus finanzieller Not Hilfe beim Sozialamt sucht. Tüchtige Ärzte und Ärztinnen finden solche Familien auch in Gesundheitszentren oder in ihrer eigenen Praxis. Aber weitaus die meisten Familien verbergen über Jahre den Alkohol hinter ihrer Familienfassade. Diese Familien brauchen Hilfe. Vor allem brauchen die Frauen Hilfe, um dieses Muster des Versteckens aufzubrechen und das Problem in der Familie offen zur Sprache zu bringen. Folgendes habe ich einer Frau geantwortet, die mir geschrieben hatte (persönliche Informationen sind ausgelassen):

Liebe...
Nun habe ich die Wahl. Ich kann Ihr Leben so sehen, wie Sie es darstellen. Oder ich kann versuchen, dieses Bild zu zerschneiden, damit Sie Ihre Situation anders sehen und Ihre Probleme wirklich zu fassen bekommen.

Ich entscheide mich für die zweite Möglichkeit, da ich sie für die beste Medizin halte. Sie sitzen im selben Boot wie viele, viele andere Frauen. Sie »opfern« sich für Mann und Kinder, sind nicht glücklich, wollen aber um jeden Preis die Fassade retten. Sie putzen und scheuern an der Fassade herum, verstecken sich dahinter und verweigern sich das Recht auf ein offenes, menschliches Leben.

Was ist es für ein Gefühl, glauben Sie, mit einer Frau verheiratet zu sein, die solche Angst davor hat, nackt/sichtbar zu sein? Wem zeigen Sie Ehrlichkeit und Aufrichtigkeit? Meinen Sie, für Ihre drei Kinder ist das Leben hinter dieser spiegelglatten Fassade gut? Glauben Sie, sie wüßten nichts von den Problemen? Ihre Kinder haben sicher auch schon Flaschen im Schrank gefunden. Auch sie sehen das rote Gesicht und den toten Blick ihres Vaters oft genug, um Bescheid zu wissen, auch wenn sie am Wochenende so klug sind, möglichst viel unterwegs zu sein.

Sie betrügen sich selber mehr als irgendwen sonst. Wachen Sie auf, und hören Sie auf, sich selber leidzutun! Sie haben zu der Situation beigetragen, in der Sie und Ihr Mann sich jetzt befinden. Warum, glauben Sie, trinkt er soviel? Er arbeitet sicher mehr als ihm guttut, und gleichzeitig versucht er, ein guter Vater zu sein. Er verdient gut, dadurch hilft er Ihnen, seine Probleme zu verbergen. Aber was meinen Sie, wie gut es ihm tut, mit einer Märtyrerin verheiratet zu sein?

Dauert dieses Leben nicht schon lange genug? Kippen Sie die Flaschen aus und schlagen Sie Krach wegen des Alkohols. Stellen Sie ihn vor die Wahl zwischen Familie und Flasche. Aber zeigen Sie Ihre Mitverantwortung. Sie selbst haben mitgeholfen, diese eiskalte Tabuatmosphäre zu schaffen. Ihre materiellen Ansprüche haben seinen Arbeitsdruck verstärkt. Sie zerstören sich, Ihre drei Kinder und ihn, wenn Sie die Dinge weiter so laufen lassen. Wenden Sie sich an ein Familienberatungsbüro oder an eine Alkoholklinik. Sie können zuerst allein hingehen, wenn er nicht mitkommen will, er wird schon nachkommen. Beziehen Sie die Kinder in die neue Familienoffenheit ein.

Hören Sie mit dem Selbstmitleid auf, und zwar sofort! Ich habe selbst zugesehen, wie meine eigene Mutter sich kaputtgearbeitet und zuviel getrunken hat. Niemand hat das rechtzeitig zur Sprache gebracht. Ich weiß, was sie und wir in der Familie leiden mußten, weil wir anderen feige waren und nicht einzugreifen wagten, sondern die Probleme unter den Teppich kehrten. Es ist nicht zu spät. Sie können beide Ihr Leben ändern. Noch können Sie wieder zueinanderfinden. Oder Sie können eine erträgliche Scheidung erreichen, wenn die Ehe nicht mehr klappt, auch wenn der Alkohol kein Problem mehr ist. Alkohol wird in der Regel gebraucht, um Unruhe und Angst zu dämpfen, Wut zu ersticken, Sehnsucht und Trauer zu überdecken, oder um eine tote Ehe in Gang zu halten.

Suchen Sie jetzt Hilfe, beißen Sie der Scham den Kopf ab. Nur Mut, Freundin. Es hilft.

38 Muster aus der Vergangenheit

Das Leben kann oft wie ein seltsames Puzzle wirken, bei dem die einzelnen Stücke einfach nicht zueinander passen wollen. Aber schon zwei zentrale Stücke in einem Puzzlespiel können den Haufen loser Teile zusammenfassen, und es lassen sich Zusammenhang und Sinn im Lebensprozeß finden.

Ich bekam einen langen Brief von einer Frau, die seit mehreren Jahren ein Verhältnis mit einem verheirateten Mann hat. Als er endlich aus seiner Ehe ausbrach und zu ihr zog, nahm er gleichzeitig eine neue Beziehung zu einer anderen Frau auf. Die Briefschreiberin weiß, daß sie sich von ihm trennen sollte, schafft es aber nicht.

Die Geschichte ist so alt wie die Menschheit. Aber gerade deshalb müssen wir sie untersuchen.

Die Frau wird in dieser Situation von Zweifel und Mißtrauen zerrissen. Darunter leiden Selbstvertrauen und oft auch Arbeitskraft und Interesse am Zusammensein mit anderen. Das Leben besteht nur aus dem Warten — auf den Mann, der kommt und geht. Dauernd sucht sie nach Beweisen für seine Liebe, aber auch nach Beweisen für Lug und Trug.

Andere, die selber nicht in dieser Klemme stecken, sondern ihr helfen wollen, fließen von guten Ratschlägen und hilfreichen Gesten nur so über. Vielleicht bringen sie sie dazu, einen kurzfristigen Bruch zu riskieren, aber dann — ehe jemand Piep sagen kann, sitzt sie schon wieder in ihrem unsichtbaren Käfig.

Einer der Schlüssel des Lebens heißt: »Die Geschichte wiederholt sich«. Wenn ich mich in einer Lage befinde, aus der ich keinen Ausweg sehe, wie sehr ich mir das auch wünsche, kann ich getrost davon ausgehen, daß dieser Schlüssel mit im Spiel ist.

Ich blicke über meine Schulter zurück auf mein Leben und frage: War ich schon einmal in einer solchen Situation?

Ich stelle dann sicher fest, daß das sogar schon mehrmals der Fall gewesen ist. Einmal hatte ich eine Freundin, die ich sehr geliebt habe. Sie tat auch so, als sei ich die Freundin, die ihr am nächsten stand, aber trotzdem brach sie immer wieder wegen anderer unsere Verabredungen. Immer wieder gelobte sie Buße und Besserung oder brachte fadenscheinige Entschuldigungen, und immer wieder ging ich ihr auf den Leim. Und ich wurde immer unglücklicher und verwirrter.

Ein andermal hatte ich einen Chef, der mir dauernd Versprechungen machte, die er dann nicht hielt: ein besseres Büro, ein anderer Posten, eine Reise, eine interessante Aufgabe, aus allem wurde nichts. Immer bekamen andere das, was er mir versprochen hatte.

Wenn ich noch weiter zurückblicke, muß ich mutig sein. Dann muß ich es auch wagen, einige der Schleier von Illusionen zu zerreißen, in die meine Kindheit eingehüllt sind. Dann finde ich sicher eine Mutter oder einen Vater, die mich gelehrt haben, bei diesem Spiel mitzuspielen, diesem schmerzlichen, aber ach so spannenden Spiel namens »mehr versprechen als ich halten kann«.

Plötzlich fällt mir die Puppe ein, die ich mir so heiß gewünscht hatte, die Puppe, die ich vielleicht, vielleicht bekommen würde, wenn ich bloß lieb wäre oder Mama genug Geld hätte oder Papa guter Laune wäre, oder auf seiner nächsten Reise genug Zeit zum Einkaufen hätte. Ich erinnere mich an die Auslandsreise, die wir vielleicht machen würden, an das feine Kleid, das ich so gern haben wollte, an alle Versprechen und meine Spannung.

Mit wachsender Empörung erinnere ich mich nach und nach auch an Enttäuschung, Betrug, die fadenscheinigen Entschuldigungen, die wehe, leere Traurigkeit. Ich erinnere mich an die Gedanken, die durch meinen Kopf wirbelten, weiß noch, wie ich versuchte, die Träume wahrzumachen, brav zu sein. Und dann, immer wieder — Enttäuschung, Betrug.

Im Leben veranstalte ich dieses Spiel mit wechselnden Personen immer wieder. Ich finde immer Menschen, die mehr versprechen, als sie halten. Immer wieder lasse ich mich vom Spiel mitreißen. Spiele und spiele und werde immer verwirrter und empörter, verliere immer mehr Selbstvertrauen und die Fähigkeit, selber zu entscheiden.

Aber dann kommt ein Tag, an dem ich keine Kraft mehr habe, um dieses üble Spiel noch länger mitzumachen. Endlich bin ich erwachsen geworden. Ich merke, daß dieses Spiel mehr kostet als es einbringt. Und dann habe ich die Chance, aus meinem alten Muster auszubrechen. Der lange Brief, den ich oben erwähnt habe, war in einem solchen Moment geschrieben worden.

Warum spielen die Menschen immer wieder alte, schmerzhafte Spiele? Das ist eins der Rätsel des Lebens.

Aber ein wenig wissen wir darüber.

Ein Thema des Lebens ist die lockende, aber gefährliche Nähe. Wenn ich im Leben zu oft enttäuscht und betrogen worden bin, habe ich schließlich Angst vor der Liebe. Ich fürchte mich, wenn ich einen Menschen treffe, der mir wirklich voll entgegenkommt. Dann könnten die alten, wehen Sehnsüchte wieder zum Leben erwachen. Das wage ich nicht. Da ist es besser, mit einem Mann zu spielen, der tut, was ich von ihm erwarte, und der nicht mehr Nähe verlangt, als ich ertragen kann.

Wenn ich in einer Beziehung dauernd belogen und enttäuscht werde, brauche ich mir nie ins Gesicht zu sehen und meine Schwächen zu untersuchen. Ich kann weiterhin die Rolle der verfolgten Unschuld spielen. Es ist eine ziemlich dankbare Rolle; meine Bekannten und Freundinnen trösten und unterstützen mich. Ich brauche mir nicht zu überlegen, was ich mit dem Rest meines Lebens anfangen soll. Ich kann meine schlecht bezahlte Arbeit behalten, brauche die ungemütliche Wohnung nicht aufzugeben, muß keine neuen Menschen treffen. Meine schmerzhafte, unbefriedigende Liebe ist eine ganz wunderbare Entschuldigung.

Warum sitzen so viele Frauen in dieser Klemme?

In der klassischen Frauenrolle besteht gewissermaßen ein Widerspruch dazwischen, eine »richtige Frau« zu sein und eigene Forderungen zu erheben. Deshalb lernen viele Frauen von ihren Müttern, sich zurückzunehmen, keine eigenen Wünsche zu kennen, keine Forderungen zu stellen, keine Lust zu empfinden, nicht zu träumen. Und dann sind sie leichter zu Spielen zu überreden, in denen andere die Regeln festsetzen.

Auch die Frauen von heute, von denen so viele gelernt haben, auf eigenen Füßen zu stehen und sich am Arbeitsplatz zu behaupten, stecken oft beim Liebesspiel in dieser Klemme. Es kann daher kommen, daß in ihnen noch zu viel von der alten Frauenerziehung steckt.

Wenn ich nun vor dem Puzzle des Lebens sitze und die zentralen Stücke als Hilfsmittel brauche, um Ganzheit im Leben zu finden, dann fügt sich in mir etwas zusammen. Ich finde einen Zusammenhang, der Gefühle befreit, der alte, schmerzhafte Bindungen bricht und der mir Mut zu neuen Wegen im Leben einflößt.

Aber es tut weh, die Schwäche in der Frauenrolle zu sehen und zuzugeben, daß die Rolle der verfolgten Unschuld eigentlich doch ganz angenehm war. Trotzdem ist dieser Schmerz ein befreiender Schmerz. Wenn eine Wunde sauber blutet, dann verheilt sie anschließend. Mit dem befreienden seelischen Schmerz ist es genauso. Wir brauchen Kraft, um uns freizukämpfen und unsere eigenen Fähigkeiten und Möglichkeiten in Gebrauch zu nehmen. Dann wagen wir auch, einen Mann zu suchen, der eine wirklich verpflichtende, gegenseitige Beziehung haben will.

39 Bravsein ist so schön beruhigend

Weder Kind noch Erwachsene, dachte ich, als Katrine mein Büro betrat.

Das junge Mädchen, das mit einer Therapie beginnen sollte, lächelte mich unsicher an und umarmte mich. Aber ich hatte das Gefühl, daß sie nicht *mich* als Person umarmte, sondern daß sie nur versuchte, ihre Unsicherheit zu verbergen.

Sie ließ sich auf den Stuhl sinken und redete los wie ein Wasserfall. Und die ganze Zeit über lächelte sie, obwohl ich merkte, daß sie mehrmals mit den Tränen kämpfte.

»Weinen ist hier erlaubt«, sagte ich und gab ihr ein Papiertaschentuch. Und da strömten die Tränen.

»Ich weiß nicht, was ich machen soll«, schluchzte sie. »Ich habe fast keine Freunde, kein Junge mag mich.«

Ich betrachtete sie genauer. Sie hatte schöne, braunschwarze volle Haare und lebhafte braune Augen, etwas unreine Haut und ein paar Kilo zuviel an Bauch und Schenkeln. Aus unserem Telefongespräch wußte ich, daß sie 17 war, aber durch ihre kindliche Art zu reden und ihre unkleidsamen, schlampigen Kleider wirkte sie viel jünger. Sie schien sich nicht recht zu trauen, eine Frau zu werden.

In der Schule lief es nicht so gut für Katrine. Sie gab sich schreckliche Mühe, schaffte es aber nicht. Sie konnte sich einfach nicht daran erinnern, was sie tun sollte, war bloß unordentlich und unbeholfen. Aber sie sei nicht dumm, sagten Lehrerinnen und Lehrer.

Katrine begriff nicht, was los war. Es hatte keinen Sinn, mehr zu arbeiten. Es hatte keinen Sinn, daß jemand versuchte, ihr zu helfen.

Sie erzählte mit vielen konkreten Beispielen, wie sie ihre Schulsituation erlebte, und ich verstand bald, daß es ihre gefühlsmäßigen Probleme so schwer für sie machten. Sie fühlte sich einsam und ausgeschlossen, war oft traurig, wurde von den Lehrkräften kritisiert und kämpfte oft verzweifelt, damit niemand merkte, wie ihr zumute war. Sie versuchte, nett und munter zu sein, bekam aber keinen Kontakt zu ihrer Klasse.

»Ich habe meine kleine Schwester sehr lieb«, sagte sie unvermittelt, als ich sie bat, etwas von zu Hause zu erzählen.

Katrines Schwester ist behindert und kann nicht gehen. Sie erzählte ausführlich, wie süß, lieb und gut die kleine Schwester sei, und mir war klar, daß sie nicht wagte, ihre Gefühle für ihre Schwester wirklich zu untersuchen.

Daß sie so lieb und brav war, wurde schließlich unser wichtigstes Gesprächsthema. Nach und nach konnte Katrine ihr Bravsein hinterfragen und die temperamentvolle junge Frau entdecken, die sich hinter der kindlich lächelnden Maske versteckte.

Sie stellte fest, daß sie im Grunde gar keine Lust hatte, den ganzen Freundeskreis ihrer Eltern zu umarmen. Sie wagte auch zuzugeben, daß sie durchaus nicht immer auf ihre Schwester aufpassen wollte. Katrine hatte Angst davor, etwas falsch zu machen, und hatte anfangs ein schlechtes Gewissen, wenn sie merkte, daß sie nicht immer nett und umgänglich sein mochte.

»Wir haben es schön zu Hause, wir alle zusammen«, sagte Katrine. »Aber meine Mutter ist erschöpft, meine kleine Schwester muß zu oft gehoben werden. Ich helfe im Haushalt.« Ihre Stimme hatte jetzt einen trockenen, erwachsenen Tonfall.

»Hast du denn immer Lust dazu?« fragte ich.

»Wie meinst du das? Natürlich will ich meiner Mutter helfen!«

Aber wir fanden heraus, daß Katrine eigentlich nicht wußte, wozu sie Lust hatte, und daß sie versuchen mußte, das zu entdecken.

Bald begann sie, neue Dinge zu tun. Sie las andere Bücher, stellte fest, was sie im Fernsehen sehen wollte, und sie traute sich öfter aus dem Haus.

In der ersten Zeit war sie deprimiert, wenn sie etwas Schönes erlebt hatte, woran die kleine Schwester nicht teilgenommen hatte. Wir fanden bald heraus, daß sie das Gefühl hatte, nichts tun zu dürfen, was ihre Schwester nicht erleben konnte, und als das gesagt war, war Katrine leichter zumute.

Katrine war in ihrer Familie Hausgehilfin und Extramutter gewesen. Nun lernte sie, Grenzen zu ziehen, und wagte schließlich sogar, böse zu werden, wenn ihre Schwester quengelte oder sie bei den Hausaufgaben störte. Sie stellte fest, daß sie viel lieber mit ihrer Schwester zusammen war, wenn sie sich nicht dazu verpflichtet fühlte — und daß es der Schwester gefiel, wenn Katrine von ihren Erlebnissen erzählte.

Katrine meinte selber, daß Eltern und Schwester an zwei Gesprächen teilnehmen sollten. Sie brauchten Hilfe, um zu erkennen, daß Katrine dabei war, erwachsen zu werden.

Nach und nach entdeckten alle Familienmitglieder, daß es zu Hause schöner war, wenn sie nicht immer zusammen waren.

Katrine änderte langsam ihren Stil. Sie zog andere Farben an, kaufte sich eine fesche Jacke und nahm ein paar Kilo ab.

In der Schule ging es besser, und sie fand zwei neue Freundinnen, die ihr gute Anziehtips gaben und sie überredeten, es mit ein bißchen Schminke zu versuchen. Eines Tages kam sie dann auch mit einer neuen Frisur.

Sie fing auch an, von Jungen zu erzählen, und bildete sich Meinungen über das, was in der Gesellschaft um sie herum geschah. Sie war vielleicht nicht mehr so brav, aber viel neugieriger auf die Menschen, die ihr begegneten.

Nun lernte sie, Wut und Gereiztheit deutlich zu verstehen geben — sie sagte »ja«, wenn sie ja meinte, und »nein«, wenn sie nein meinte.

Mir sind viele Frauen wie Katrine begegnet. Viele Mütter betrachteten es als Erziehungsziel, daß ihre Töchter liebevoll und brav und fürsorglich werden. Sie unterbinden ihre Entwicklung von Temperament und eigenem Willen, und als Ergebnis sind dann viele Frauen lieb — aber nur zu anderen.

Lieb- und Bravsein kann zur Entschuldigung dafür werden, sich nicht als Mensch zu entwickeln und die eigenen Fähigkeiten brachliegen zu lassen.

Echte Fürsorge und Rücksichtnahme sind schöne menschliche Eigenschaften, aber sie gehören zusammen mit der Fähigkeit, die eigenen Bedürfnisse zu achten, damit auch ich bisweilen »nein« sagen darf.

40 Wenn die Liebe stirbt

Liebe Psychologin!
Wie kann es möglich sein, daß all das Schöne, was wir in den Jahren unserer Ehe gehabt haben, plötzlich »aufgehoben« ist? Ja, unsere Beziehung scheint nur in meiner Phantasie existiert zu haben, und ab und zu frage ich mich, ob er mich ganz kaputtmachen will, damit ich in die Psychiatrie komme. Er nennt mich egozentrisch und quengelig, behauptet, ich könnte keine Kinder erziehen und die Kinder würden es bei ihm und der anderen Frau besser haben.

Aber ich erinnere mich doch an unsere schönen Sommerferien. Erinnere mich an die Abende, wenn er die Arme um mich legte. Nun sagt er, er habe nur so getan, um mich nicht traurig zu machen. Aber ich weiß doch, daß er auch anderen gegenüber zum Ausdruck gebracht hat, daß er mich liebte und daß unsere Beziehung schön war. Was ist bloß geschehen? Ich grüble und grüble und werde immer verwirrter...

Liebe Grüße, »Verwirrt«.

Liebe »Verwirrt«!
Sie schreiben in Ihrem Brief, Sie lebten jetzt seit kurzem getrennt. Auch wenn sie beide über die Scheidung einig sind, bedeutet sie doch das Verlassen einer Beziehung, die Auflösung eines Zuhauses, Probleme mit den Kindern und für die Kinder, Probleme mit Freundeskreis und Verwandtschaft, finanzielle Probleme — ja, umfassende Veränderungen im Leben.

Wenn es uns gelingt, einen Hauch von Interesse und Fürsorge füreinander aus den gemeinsamen guten Jahren zu retten, haben wir die Möglichkeit einer brauchbaren Zusammenarbeit als Eltern.

Aber die Krise kann auch hart sein und große Konflikte und persönliche Auflösung mit sich führen. Diejenigen, die aus einer Ehe gleich ins nächste Verhältnis überwechseln, scheinen es am leichtesten zu haben. Aber das stimmt nicht. Wer sich in eine neue Beziehung stürzen will, muß die alten Bindungen brutal kappen. Manche lösen das, indem sie das Alte verdrängen und anschwärzen. Diesen Prozeß könnten wir als Wirklichkeitsspaltung bezeichnen. Das neue Leben wird positiv, das alte negativ. Grund sind Trauer und Sehnsucht in bezug auf die Kinder, schlechtes Gewissen und zu schwer zu ertragende Schuldgefühle. Indem wir das Gute verdrängen und die Wirklichkeit neu schaffen, rechtfertigen wir das neue Leben, nicht überlegt, sondern als Ergebnis der in Gang gesetzten Reaktion der Gefühle.

Ich habe als Familientherapeutin mehrere Fälle dieser Art erlebt und habe gesehen, daß die Beteiligten wirklich glauben, die ganze Welt sei umgestülpt. Einer der Männer sagte einmal über eine Frau, mit der er eine lange und ihrer Ansicht nach glückliche Ehe geführt hatte:

»Diese Frau hat mich verführt. Ich war schwach und unerfahren, und sie war scharf auf mich. Sie hat mein ganzes Leben dominiert. Sie ist eine Hexe, laß dich nicht von ihrem falschen Lächeln einwickeln.«

Ich konnte dem Mann ansehen, daß er tatsächlich an seine Beschreibung glaubte. Mir dagegen fiel es schwer, die niedergeschlagene und unsichere Frau vor mir als Hexe zu sehen.

Dagegen konnte ich erkennen, wie sie ihrerseits alle Probleme leugnete, wie sie ihre ganze Ehe zu einem romantischen Märchen machte. Ja, mitten in dieser schrecklichen Krise wurde ihre Liebe zu ihm nur größer.

Ich glaube, Sie und Ihr Mann befinden sich in derselben Situation. Er muß alles Gute in der Vergangenheit leugnen, um mit der schwierigen neuen Situation fertig zu werden. Er muß sich die Kinder vom Leibe halten, um Schuldgefühlen und schlechtem Gewissen zu entgehen. Er tut alles, um dem Zweifel auszuweichen, der in einer solchen Situation nur natürlich wäre. Auf diese Weise kann er seine neue Beziehung romantisieren und die andere Frau zu seiner großen Liebe machen. So erscheint ihm im Moment die Wirklichkeit. Das zeigt, daß auch er sich mitten in der Krise befindet — nicht nur Sie.

Meistens legt sich diese schlimme Spaltungsreaktion nach einer Weile, vor allem, wenn Ihnen geholfen wird, ihm keine Vorwürfe zu machen oder ihn nicht davon zu überzeugen zu versuchen, daß er sich irrt. Wenn Sie versuchen, ihn zu überreden oder zu bedrängen, riskieren sie es, daß sich sein Bild der Wirklichkeit nur verfestigt. Deshalb rate ich Ihnen, sich zum Beispiel an ein Familienberatungsbüro um Hilfe zu wenden. Vielleicht könnte Ihnen das helfen, diese Art von Gespaltenheit zu verstehen.

Eine unserer schwierigsten Aufgaben als Kleinkinder besteht darin, zu begreifen, was ein anderer Mensch ist und was ich selber bin. Anfangs dominieren die Gefühle. Die Mutter wird dann zu zwei verschiedenen Personen, einer lieben und einer bösen. Genauso bin ich selber ganz anders, wenn ich böse oder wenn ich lieb bin. Durch einen mühseligen Prozeß der Erfahrung lerne ich in meinen ersten Lebensjahren, zusammenhängende Bilder von mir selber und von den Menschen in meiner Umgebung zu entwerfen. Im Laufe der Zeit lerne ich, daß die Gefühle sich verändern, die Personen jedoch gleich bleiben. Ich kann meine guten Gefühle für jemanden beibehalten, auch wenn ich im Moment so wütend bin, daß ich platzen könnte.

Aber manche Menschen wachsen unter so unstabilen und konfliktreichen Verhältnissen heran, daß sie diesen Lernprozeß nie zu Ende bringen können. Es fällt ihnen zu schwer, ihre widersprüchlichen Erlebnisse unter einen Hut zu bringen. Als Erwachsene werden sie dann in ein so gespaltenes Erleben zurückfallen, wenn sie in eine konfliktvolle und schwierige Lebenssituation geraten. Dann wird ein Mensch für sie nur Gutes tun, ein anderer nur Schlechtes, und sie werden alle guten Gefühle für die Person vergessen, die sie gerade nicht haben wollen.

Wenn Sie an Ihre Beziehung zu Ihrem Mann zurückdenken, werden Sie sich sicher an andere Situationen erinnern, in denen er auf dieselbe gespaltene Weise reagiert hat. Aber damals ging es vielleicht um einen Konflikt mit einem Chef oder Kollegen.

Es ist also nicht *Ihr* Bild von der Wirklichkeit, mit dem etwas nicht stimmt. Aber versuchen Sie, einzusehen, daß es in Ihrer Ehe sicher mehr Probleme gegeben hat, als Sie zugeben mögen. Dann wird es Ihnen leichter fallen, zu verstehen, was eigentlich passiert ist. Ich glaube, dieses Verstehen ist für Sie der Weg zu neuem Wachsen und zur Befreiung.

Liebe Grüße, die Psychologin.

41 Er hat eine andere!

»Ich habe Angst... ich werde mich umbringen... ich brauche Hilfe!« So führte Anna sich telefonisch bei mir ein.

Es war die alte Geschichte. Sie hatte ihn während des Studiums ernährt. Später hatte er eine loyale und tüchtige Frau gehabt. Sie hatten drei Kinder. Ihre drei Töchter waren erwachsen. Dann hatte er ihr plötzlich mitgeteilt, daß er sich scheiden lassen wollte und war mit einer anderen zusammengezogen.

In meinem Büro lerne ich eine sehr ordentliche und beherrschte Frau kennen.

»Es geht jetzt viel besser. Als ich angerufen habe, war ich so verzweifelt. Es sieht mir nicht ähnlich, mich so anzustellen. Ich wollte eigentlich absagen...«

Ich sehe, daß ihre Beherrschung nur ein dünner Firnis ist. Sie hat nervöse Zuckungen um die Augen, und ihre Hände sind in ihrem Schoß fest gefaltet.

»Vielleicht verlierst du die Kontrolle. Es gibt doch einen Grund dafür, daß du den Termin nicht abgesagt hast«, meine ich.

»Ich begreife nicht, was an dem Tag in mich gefahren ist. Er ist schon vor Monaten ausgezogen. Er hat mich betrogen, war schon monatelang mit ihr zusammengewesen.« Ihre Stimme ist wütend, aber ihre Augen stehen voller Tränen, als erzähle sie mir zwei Dinge gleichzeitig.

»Vielleicht quält dich noch etwas anderes?«

»Was sollte das sein? Wir waren 20 Jahre verheiratet. Unsere Ehe war sehr gut.« Sie blickt mich scharf an, als wolle sie mich von der Wahrheit ihrer Worte überzeugen.

»Dann hat er mich betrogen.« Sie schluckt, sieht aber immer noch sehr böse aus.

»Leben deine Eltern noch?« Ich folge einer Eingebung, spüre, daß es noch mehr gibt, was sie quält. Plötzlich fängt sie heftig an zu weinen. Ich lasse sie weinen, bis sie sich beruhigt.

»Was hast du gesagt?« Sie nimmt sich unvermittelt zusammen und blickt mich verwirrt an.

»Ich habe gefragt, ob deine Eltern noch leben. Und da hast du angefangen zu weinen.«

»Meine Mutter ist vor einigen Jahren gestorben, aber mein Vater erst vor 14 Tagen. Er war lange krank. Im Grunde war es eine Erleichterung. Er war nicht mehr er selber. In der letzten Zeit war er nur selten klar bei Bewußtsein. Aber ich war jeden Tag bei ihm.«

»Du bist eine pflichtbewußte Frau, sehe ich. Es muß eine Belastung gewesen sein.«

»Eva, meine Tochter, war eine gute Hilfe.« Plötzlich beginnt Anna wieder zu weinen. Dann reißt sie sich zusammen und schaut mich verwirrt an.

»Worüber haben wir gerade gesprochen?«

»Du hast gesagt, Eva sei eine gute Hilfe gewesen. Wo wohnt Eva?«

»Eva ist gerade in eine andere Stadt gezogen, weil sie dort eine gute Stelle gefunden hat. Aber ich freue mich für sie.«

Um Annas Augen zuckt es heftig und ihre Hände umklammern das Taschentuch.

»Erst hat dein Mann dich im Stich gelassen, dann ist dein Vater gestorben, und nun ist Eva weggezogen. Drei schlimme Erlebnisse direkt hintereinander, das kannst nicht einmal du ertragen. Du fühlst dich allein auf der Welt, nicht wahr? Du kommst dir vor wie ein kleines Kind, das allein auf der Welt ist, und niemand kümmert sich um dich.«

Sie holt tief Atem, seufzt, und wieder fließen die Tränen langsam über ihre Wangen. Sie nickt, ihr Gesicht ist weich geworden, die Hände liegen offen in ihrem Schoß.

Ich sagte Anna, daß auch ich ihr nicht die Zuwendung geben könnte, die das kleine Kind in ihr braucht, aber daß ich ihr helfen könnte, neuen Boden unter den Füßen und eine neue Kraft zu finden, mit der sie sich selber helfen könnte. Anna hatte ihre Stärke immer benutzt, um anderen zu helfen. Nun mußte sie eine Lebensform finden, in der auch ihre eigenen Bedürfnisse wichtig würden.

Anna befand sich in einer Krise, die sie zwang, ihr Leben zu verändern. Als sie um Hilfe bat, wagte sie, sich zu öffnen, und schließlich konnte sie ihre strenge Kontrolle aufgeben. Anna arbeitete als Chefbuchhalterin in einer großen Firma. Sie war eine Mitarbeiterin, der alle vertrauten und die sie mit großem Respekt behandelten. Aber im Grunde fühlte sie sich einsam. Sie konnte sich nur ihren Töchtern gegenüber öffnen. Nun mußte sie anfangen, sich anderen Menschen zu nähern.

Ein akuter Zusammenbruch kann ein positiver Anfang für den Verlauf einer Behandlung sein. Anna brauchte 20 Therapiestunden. Weil sie selber gezwungen gewesen war, die Kontrolle fallenzulassen, war es leichter, sie zu behandeln. Wir arbeiteten die ganze Zeit mit ihrem Wunsch, ihre eigenen Bedürfnisse und Gefühle zu kontrollieren, während sie nur an das Beste der anderen dachte. Sie versuchte auch in den Stunden, als die Fürsorgliche aufzutreten. Es beschäftigte sie, daß ich erkältet war, und daß ich vielleicht auch Zuwendung brauchte, und ob es nicht anstrengend wäre, mir ihre Probleme anzuhören. So zeigte sie mir das Muster, nach dem sie gelebt hatte. Auch bei der Scheidung war sie rasch fürsorglich gewesen. Nach ihrem ersten Schock war sie in die Rolle der Helferin geschlüpft. Sie half ihrem Mann bei der Wohnungssuche und organisierte seinen Umzug. Sie verkaufte das Haus und suchte sich eine Wohnung. Alles, ohne irgendwelche Schwierigkeiten zu machen.

Erst bei der Behandlung ließ sie ihre Trauer über die zerbrochene Ehe an die Oberfläche kommen. Aber nun beschäftigte sie eigentlich in der Hauptsache der Betrug. Es stellte sich heraus, daß sie der Scheidung im Grunde zustimmte. Sie trauerte, weil sie es nie gewagt hatte, in der Ehe ihre Gefühle und Bedürfnisse zu zeigen. In den letzten zehn Jahren hatten sie und ihr Mann freundschaftlich nebeneinander gelebt. Wenn er andere hatte, hatte sie ein Auge zugedrückt. Sie hatte verstehen können, daß er vielleicht andere brauchte, sagte sie.

Es wurde eine anstrengende Zeit für Anna. Sie entdeckte, daß sie in jeder Situation nach den Regeln anderer gelebt hatte. Vor allem war sie die gehorsame Tochter ihrer Mutter gewesen. Sie war das tüchtige kleine Mädchen, das früh gelernt hatte, sich dem Willen der Mutter zu fügen. Sie kaufte sogar die Kleider, die ihrer Mutter gefallen hätten.

Das erste Anzeichen von Befreiung und Selbständigkeit war zu sehen, als Anna in einer neuen Bluse erschien. Sie war verlegen wie ein junges Mädchen. Die veilchenblaue Bluse hatte dieselbe Farbe wie ihre Augen. Das war der Anfang von Annas Entdeckung ihrer selbst als Frau und der erste Schritt in ein neues Leben. Auch ihre Kolleginnen und Annas Familie entdeckten die »neue« Anna. Sie mußten sich umstellen und sich daran gewöhnen, daß Anna »nein« sagen und nicht nur die Helferin der anderen sein konnte, sondern auch eigene Forderungen stellte.

Als wir die Behandlung abschlossen, hatte Anna um eine Gehaltserhöhung gebeten — und sie bekommen!

42 Ich sehne mich nach einem Mann

Liebe Psychologin!
Ich habe jung geheiratet, war verliebt und ohne Bewußtsein und habe mich Mitte der 60er Jahre dem traditionellen Frauenrollenmuster angepaßt. Er studierte, ich arbeitete als Sekretärin und sorgte für unseren Lebensunterhalt. Wir bekamen das erste Kind, ich gab meinen Beruf auf. Wir bekamen noch zwei Kinder, drei Jungen insgesamt. Dann kam die Frauenbewegung und brachte mich dazu, über meine Situation nachzudenken.

Was habe ich aus meinem Leben gemacht? Die Kinder wuchsen heran und brauchten mich immer weniger. Mein Mann hatte einen anstrengenden Beruf, der ihn aufsaugte, und dadurch hatten wir immer weniger Kontakt miteinander.

Ich mußte aus diesem hoffnungslosen Leben ausbrechen und freute mich unbeschreiblich, als ich gleich bei der ersten Bewerbung einen Studienplatz bekam. Die nächsten drei Jahre waren die schönsten in meinem Leben. Aber mein Mann war nicht interessiert und zog sich immer mehr von mir zurück. Ich versuchte, mit ihm zur Familienberatung zu gehen, aber er weigerte sich. Später machte ich dann eine Therapie, weil ich mich für meinen Ausbruch aus der Ehe schuldig fühlte. Mein Mann kam schließlich zu den Gesprächen mit, aber es war zu spät. Wir trennten uns.

Später hatte ich eine schöne Beziehung zu einem anderen Mann, aber er war zu schwach für mich. Ich dominierte, und nun ist auch diese Beziehung vorbei. Ich konnte nicht mit einem Mann zusammenleben, der mich nur anbetete. Ich brauche einen, an dem ich meine Klauen wetzen kann. Aber es tut weh. In den Wochen nach der Trennung habe ich viel geweint.

Aber ich spüre, daß ich mich im Grunde eher allgemein nach einem Mann sehne als nach meinem Verflossenen — auch wenn der alle guten Lüste in mir entzünden konnte. Nun habe ich Angst, keinen neuen Partner mehr zu finden. Ich bin über 40...

Liebe Grüße, Bente.

Liebe Bente!
Es gibt sicher viele Frauen in ähnlicher Situation, die sich in Ihrem Brief wiedererkennen werden. Viele Frauen durchleben denselben Prozeß, wenn sie aus ihrer Hausfrauenrolle ausbrechen und eine Ausbildung aufnehmen. Der Mann kommt nicht nach, die Beziehung erträgt die Veränderung nicht. Es kommt zur Scheidung, und oft geht die Frau unmittelbar danach ein neues Verhältnis ein, das nicht von Dauer ist. Dann sitzt sie mit den Kindern, ein paar Bekannten und ihrer Arbeit allein da. Aber der Mann, nach dem sie sich sehnt, läßt sich nicht blicken.

Ich glaube, in dieser Situation ist ein Kompromiß angesagt. Es hat nicht immer Zweck, einen Mann zu suchen, der in seiner geistigen Entwicklung genauso weit gekommen ist. Die Herausforderung und Teilnahme, die Sie sich von einem Mann wünschen, können Sie oft von Freundinnen bekommen, und es ist gar nicht so dumm, diesen Teil des Lebens von ihnen befriedigen zu lassen. Der Mann kann anderes bieten, zum Beispiel Wärme, Nähe und Erotik.

Vielleicht sollten Sie über Ihren Exfreund noch einmal nachdenken. Vielleicht hat er Qualitäten, die Sie im Chaos der Gefühle nach der Trennung von Ihrem ersten Mann übersehen haben.

Nach einer Scheidung sind wir oft noch nicht fähig zu einer neuen Beziehung. Wir schleppen Erinnerungen und unverdaute Erfahrungen mit uns herum, und bringen sie in die neue Beziehung mit ein. Der neue Partner muß für die Sünden des alten büßen. Außerdem können viele mit einer Scheidung verbundene Konflikte an die Befreiungskonflikte erinnern, die wir ausfechten mußten, als wir als junge Leute von unseren Eltern weggezogen sind. Ihr Bedürfnis ist es vielleicht zuallererst, selbständig zu sein und einen Rahmen für Ihr eigenes Leben zu zimmern. Aber die Gewohnheiten aus der langen Ehe haben das Bedürfnis geschaffen, mit einem anderen Menschen zusammenzuleben. Und dann ist es leicht, sich in ein neues Verhältnis zu stürzen.

So komisch sich das auch anhören mag: Auch eine schlimme und konfliktreiche Ehe hat ihre Bindungen und Erinnerungen, vielleicht nicht zuletzt die nie erfüllte Hoffnung, die unerfüllten

Sehnsüchte. Wir Menschen sind so geschaffen, daß wir uns an eine konfliktreiche Beziehung oft genauso gut erinnern wie an eine gute und nahe. Problem und Konflikte können feste Bindungen schaffen und sie können Menschen an lange, schmerzhafte Verhältnisse fesseln. Die meisten Ehen, auch die, die mit einer Scheidung enden, haben auch Wärme, Zärtlichkeit, Erotik und Sexualität gekannt. Vielleicht sind Kinder da, die Familien sind miteinander verflochten, Wohnung und Möbel stecken voller Erinnerungen.

Eine Scheidung enthält soviel — nicht nur Probleme und Konflikte, praktische Schwierigkeiten und finanzielle Abrechnung, sondern auch Trauer. Die Gefühle können der Trauer nach einem Todesfall ähneln. Aber es kann noch schwieriger sein, sie zu überwinden, weil der andere Teil nicht stirbt, sondern ein unabhängiges neues Leben anfängt. Das sagt einiges über den Ernst der emotionalen Umstellung aus.

Deshalb ist es kein Wunder, daß Sie Schwächen an dem neuen Mann entdecken. Nun haben Sie einigen Abstand zu Ihrer Scheidung gewonnen und es wäre vielleicht nicht so dumm, diesen Mann, den Sie in vieler Hinsicht vermissen, noch einmal aufzusuchen und festzustellen, ob es neue Möglichkeiten für Sie beide gibt.

Andererseits: Wir leben in einer Zeit, in der Frauen und Männer oft nicht im selben Rhythmus sind. Viele Frauen leben allein, weil sie keinen neuen Mann finden. Dann kommt es darauf an, Lebensformen zu schaffen, durch die die alleinstehende Mutter mit Kindern ein reiches Leben führen kann und nicht unter anderen alleinstehenden Müttern isoliert bleibt.

Sie müssen selber die Initiative ergreifen, um Männer kennenzulernen, wenn Sie sich danach sehnen, mit einem Ihr Leben zu teilen. Fahren Sie ab und zu übers Wochenende weg, sehen Sie sich in neuen Milieus um, kommen Sie heraus.

Vielleicht müßten Sie auch etwas mehr über Männer lernen? Lesen Sie Bücher, in denen Männer über sich selber schreiben. Daraus können Sie viel lernen.

Liebe Grüße, die Psychologin.

43 Die Frau meines Freundes läßt ihn nicht gehen

Liebe Psychologin!
Vor zwei Jahren habe ich einen Mann kennengelernt, der mir schließlich alles bedeutete, und zum ersten Mal in meinem 25jährigen Leben habe ich verstanden, daß es etwas gibt, das »füreinander geschaffen« heißt, so banal das auch klingen mag.

Wir waren beide verheiratet, aber nun bin ich dabei, mich aus meiner Ehe zu lösen und zusammen mit meiner Tochter in eine eigene Wohnung zu ziehen.

Während er in seiner Ehe verharrt.

Die Frau, mit der er verheiratet ist, scheint bloß mit dem Trauschein wedeln zu müssen, und schon erwacht der Beschützer und Chauvi in ihm und er bleibt in seiner Ehe, in der Gefühle, Nähe und Gemeinsamkeit durch Gewohnheiten, materielle Güter und Bequemlichkeit ersetzt sind.

Andere Frauen, die ich kenne, haben dasselbe erlebt. Sind Frauen und Männer wirklich so verschieden? Sind wir Frauen wirklich so viel eher bereit, aus unserem Tun die Konsequenzen zu ziehen? Nicht alle Frauen tun das, natürlich, aber offenbar doch sehr viel mehr Frauen als Männer.

Liebe Grüße, Beate.

Liebe Beate!
Bei Ihrem Brief mußte ich an eine Wippe denken. Wenn die eine Seite der Wippe oben ist, ist die andere unten, und umgekehrt. Das Spiel ist witzig, solange es nur ein Spiel ist und beide im Zusammenspiel auf und nieder wippen möchten.

So eine Wippe ist auch die Beziehung zwischen Menschen, nicht zuletzt im Liebesspiel. Will die eine Nähe, dann will der andere Distanz, und umgekehrt.

Frauen sagen oft, sie wollten Nähe und bekommen Distanz, weil der Mann sich zurückzieht. Je mehr und heftiger sie Nähe sucht, um so mehr zieht er sich zurück.

In seinen Augen kann es so aussehen: Sie ist so anspruchsvoll. Sie redet immer von Nähe, und ich möchte auch eine lebendige Beziehung zu ihr haben, aber ich finde, sie fordert immer mehr, als wollte sie mich verschlingen. Nichts, was ich ihr bieten kann, ist gut genug.

Ein Mann, der erlebt hat, daß die eheliche Nähe gefühlsmäßig und sexuell gestorben ist, sucht die Nähe vielleicht anderswo.

Aber er trägt die Erfahrungen aus seiner Ehe in sich. Nähe kann anspruchsvoll sein, sie ist nie zufrieden, und zum Schluß sterben Verliebtheit und Sexualität. Das schöne Zusammenspiel, die Verliebtheit, kann, ehe er das noch recht begriffen hat, durch Forderungen ersetzt worden sein.

Vielleicht ist es dann besser, dort zu bleiben, wo er weiß, was er hat, und weiter zu träumen, ja, und sich heimlich mit Ihnen zu treffen. Lieber das, als zu riskieren, daß der Traum dem Grau des Alltags weichen muß.

Wir Frauen haben außerdem einen großen Hang zur Selbstgerechtigkeit. Nicht zuletzt die klugen mutigen, selbständigen Frauen. Ist es eigentlich so leicht, mit uns zu leben?

Vielleicht hat diese lange, angeblich »leere« Ehe Werte, die Sie nicht sehen. Kinder, Traditionen, Erinnerungen. Für viele können solche Werte das richtige sein. Vielleicht können wir klugen, erwachsenen Frauen zu stark an dominierende, anspruchsvolle und verführerische sinnliche Mütter erinnern? Schön, aber beängstigend.

Nähe und Gemeinsamkeit können schön sein, aber nur, solange er sich in seine friedliche, ruhige Ehe zurückziehen kann. Der Gedanke, jeden Tag am Frühstückstisch einer heißblütigen und gierigen Löwin gegenüberzusitzen, ist nicht gerade das, was die meisten Männer sich im Alltag wünschen.

Und wir Frauen wünschen uns das vielleicht auch nicht? Ich habe auch Frauen sagen hören: »Er liebt mich wahnsinnig, er würde morgen seine Ehe aufgeben, wenn ich nur mit ihm zusammenziehen würde. Aber er ist so enthusiastisch und intensiv. Es wird zuviel des Guten, und es ist doch auch kindisch. Ich brauche einen, an dem ich mich wetzen kann.«

Hand aufs Herz, könnten Sie es ertragen, wenn er voll und ganz zu Ihnen käme?

Ihr Brief zeigt auch, daß Sie sehr ungeduldig sind. Sie haben

Ihre Entscheidung gefällt und Ihren Mann verlassen. Haben Sie vielleicht versucht, ihm dasselbe Tempo aufzuzwingen? Ist es möglich, daß es in seiner Ehe mehr Positives gibt als in Ihrer? Vielleicht fühlt er den Menschen in seiner Umgebung gegenüber pflichtbewußter und verantwortungsvoller. Seine Frau kann ihm früher vieles abgenommen haben, vielleicht ist er ihr Dank schuldig. Vielleicht macht auch eins der Kinder Schwierigkeiten, und er fürchtet, eine Scheidung könnte die Situation verschlimmern.

Ihre Beschreibung der Frau, die mit dem Trauschein wedelt, läßt, finde ich, jeglichen Respekt für die andere Frau vermissen. Vielleicht stößt den Mann Ihre Kälte ihr gegenüber ab?

Nach zwei Jahren kennen Sie einander, und Sie haben festgestellt, daß Sie aus Ihrer Ehe ausbrechen wollen. Aber Sie brauchen Zeit, um sich als selbständige Person zurechtzufinden. Es bringt selten Gutes, von einer Beziehung gleich in die nächste zu gehen. Ihre Kinder, Ihre Bekannten und Ihre Familie brauchen auch Zeit. Vor allem müssen die Wunden der Kinder in Ruhe heilen, ehe sie mit einem neuen Menschen zusammenleben können. Vielleicht braucht Ihr Mann auch Zeit, um sich daran zu gewöhnen, daß Sie und er nicht mehr zusammenleben. Eine Scheidung, in der ein Teil sich gleich einer anderen Person an den Hals wirft, wird oft als besonders schmerzlich empfunden und kann zu psychischen Problemen führen.

Während Sie zur Ruhe kommen, ändert sich vielleicht der Mann, den Sie lieben. Wenn Sie nicht mehr quengeln und fordern, findet er die Zeit, die Stärke seiner Gefühle für Sie festzustellen. Wenn Sie »füreinander geschaffen« sind, findet er vielleicht selber heraus, daß er Sie braucht. Aber geben Sie ihm die Zeit, um diese schwierige Entscheidung zu treffen. Vielleicht sollten Sie ihm meinen Brief zeigen und von Ihrem erzählen?

Liebe Grüße, die Psychologin.

44 Frau — Löwin

Liebe Psychologin!
Was soll ich tun? Hinter der Fassade schwelt es. Ich will mehr vom Leben, fühle mich hinter aller Vernunft eingesperrt. Die ewige Rücksicht auf Mann und Kinder, auf meine Mutter, die dauernd anruft und mich an meine Pflichten erinnert, erdrückt mich. Sie scheint zu sagen:

»Sei immer ein braves Mädchen, denk daran, was die anderen sagen, achte auf deinen guten Ruf.« Ich lächle nett und in mir macht das kleine Mädchen einen Knicks und senkt kokett den Kopf und die Haarschleife wippt. Das hellrote Kleid ist adrett und frisch gebügelt.

Meine Mutter hatte keine Ahnung, daß ich gern rittlings auf dem Geländer saß und hinunterrutschte, weil es so seltsam im Körper kitzelte. Was würde sie sagen, wenn sie wüßte, daß ich jetzt manchmal mitten am Tag, wenn sonst niemand zu Hause ist, ins Badezimmer gehe und die Handdusche nehme?

In mir ist eine Löwin eingesperrt, aber mein Mann mag es nicht, wenn ich ihn in den Nacken beiße oder ihn bitte, mich richtig hart zu lieben.

Ich kann in der Straßenbahn stehen und Männer mit den Blicken ausziehen. Es kommt vor, daß einer das bemerkt und darauf anspringt, aber als einmal einer aufgestanden und auf mich zugekommen ist, bin ich davongelaufen. Zum Glück kam gerade ein freies Taxi.

Ich glaube, Frauen sind viel wilder und blutrünstiger, als irgendein Mann sich träumen läßt.

Diesen Brief habe ich selber geschrieben und mich dabei von einem Theaterstück über Ragnhild Jølson, einer norwegischen Autorin aus dem letzten Jahrhundert, inspirieren lassen. Sie hat ein dramatisches, sich selber verbrennendes Leben geführt, wie so viele Künstlerinnen des 19. Jahrhunderts. Aber vielleicht war es genauso schlimm, eine der schönen, eingesperrten Frauen in Krinoline und Schnürleib zu sein? Eine der braven, wohlerzogenen. Ich glaube, heute gibt es einen etwas größeren Freiraum für Löwinnenkräfte.

Die Frauen vor uns haben ihre Konflikte in einer anderen Zeit durchlebt, aber sie sind im Guten wie im Bösen unsere Lehrmeisterinnen. Heute haben wir auch Vorbilder, die weibliche Stärke demonstrieren. Denken Sie nur an die »Leopardinnen« auf den Sportplätzen und beim Marathonlauf.

Frauen und Kraft gehören zusammen. Frauen und Sexualität gehören zusammen. Warum ist es so herrlich, auf der Titelseite einer Zeitschrift Diana Ross im brausenden roten Kleid zu sehen? Doch wohl, weil wir die Löwin wiedererkennen! Und dann kann auch die Löwin in uns den Körper strecken und mit dem Schwanz schlagen. Ein paar Risse in der hübschen Frauenfassade tun gut, meine Damen!

Das Atmen fällt leichter, wenn wir das alte Korsett aufschnüren, vielleicht wird es vielen Männern und nicht zuletzt unseren Kindern gefallen, wenn die Mütter mehr Schwung haben.

Zusammen mit einer guten Freundin können Sie eine spannende kleine Übung machen. Setzen Sie sich einander gegenüber, und 30 bis 40 Minuten lang fragt die eine und die andere antwortet. Dann machen Sie ein Päuschen, ehe Sie die Rollen tauschen. Die Fragende stellt immer wieder dieselbe Frage, vielleicht mit leicht wechselndem Tonfall, je nachdem, wie die Sache sich entwickelt.

Sie fragen: »Was würde passieren, wenn du lebendiger wärest?« Ihre Freundin antwortet. Dann stellen Sie dieselbe Frage noch einmal, aber Sie können zum Beispiel sagen: »Was würde passieren, wenn du in bezug auf Beruf/Kinder/dich selber lebendiger wärest?« usw. Sie werden über die spannende Reise, auf die Sie sich dabei begeben, überrascht sein.

Danach könnten Sie vielleicht darüber reden: »Wie können wir einander dabei helfen, lebendiger zu werden?« Sie können diese Übung natürlich auch mit anderen aus Ihrem Bekanntenkreis machen. Ja, Sie könnten sich sogar vor den Spiegel stellen und sich selber fragen. Aber zu zweit geht es am leichtesten.

Wir verfügen über viele eingesperrte Kräfte. Was passiert in uns, wenn diese Kräfte eingesperrt sind? Der Körper muß das Gefängnis der Kräfte sein. Die Muskeln müssen sich anspannen, um sie festzuhalten. Und ich muß hellwach sein und aufpassen, daß ich nicht Feuer fange, mich nicht zu sehr engagiere. Ich muß mich zurückziehen, sonst können die Türen sich plötzlich öffnen und die Löwin kann aus ihrem Käfig entfliehen.

Ein kleines Mädchen von drei Jahren kann genauso trotzig und stur, wütend und wild wie jeder Junge sein. Sie ist eine kleine Löwin, die sich auf den Boden schmeißen und schreien und strampeln kann.

Aber die erwachsene Frau wagt nicht oft, ihren Kräften freien Lauf zu lassen. Wenn sie es ein seltenes Mal tut, überkommen sie danach oft Schuldgefühle. Dann hört sie in sich die Stimme ihrer Mutter: »Aber, mein Kind, so benimmt ein kleines Mädchen sich doch nicht. Sieh dir doch bloß dein feines Kleid an, es ist ja ganz fleckig. Und deine Haare sind zerzaust. Nun ist Mama aber enttäuscht von dir. Schrei nicht mehr und sei Mamas braves Mädchen, dann gibt es gleich Kuchen und Kakao.«

So wird das kleine Mädchen mit List dazu gebracht, ihre Löwinnenkräfte in sich einzusperren, ohne zu ahnen, welchen Preis sie später in Form von Kopf- und Rückenschmerzen dafür bezahlen wird. Sie weiß auch nicht, wieviel Depressionen und Müdigkeit, Schuldgefühle und Selbstkritik es sie kosten wird, daß sie den Nacken gebeugt und die Regeln dafür, wie ein braves kleines Mädchen sein soll, akzeptiert hat.

Wenn ich in einer unterdrückten und eingesperrten Situation gelebt habe und endlich langsam den Mut finde, den Rücken geradezumachen und mich und meine Kräfte in Gebrauch zu nehmen, dann erwacht auch meine Empörung über alles, was ich an schlechter Behandlung erlebt habe. Ich werde überempfindlich für alles, was sich als Versuche anderer, mich zu lenken und zu kontrollieren, auslegen läßt. Dann bin ich zu meinen Nächsten oft ungerecht und lasse sie dafür büßen, daß ich mein Leben lang unterdrückt worden bin.

Ich schreibe aber nicht, um die Welt mit selbstsüchtigen, wilden und wütenden Frauen zu überfluten, die in jeder Situation ihren Kräften freien Lauf lassen. Lebendiger und kraftvoller zu sein bedeutet auch, sich in andere besser hineinzuversetzen. Wenn ich lebendiger werde, wachsen mein Verständnis und meine Fürsorge für andere. Wenn ich mich besser um mich selber kümmere und mehr Offenheit wage, dann bin ich auch anwesender. Die Löwin in der Savanne fällt nicht über jede Beute her, die sie gerade entdeckt. Sie jagt nur, wenn sie oder die Jungen Hunger haben. So sollen auch wir unsere Kräfte benutzen. Sie sollen dann eingesetzt werden, wenn es nötig ist.

45 Der Traum

Liebe Psychologin!
Ich habe gerade Ihren Artikel »Frau — Löwin« gelesen und mußte dabei an einen meiner Träume denken.

Ich leide schon seit vielen Jahren unter Depressionen. Sie haben nach meinem ersten Kind eingesetzt und wurden nach der Geburt meines zweiten Sohnes noch schlimmer. Meine Mutter war von der restlos aufopfernden Sorte, und ich habe mir immer eingebildet, niemals eine so »gute« Mutter werden zu können. Richtig bewußt wollte ich das auch gar nicht, aber diese Gedanken haben in meinem Unterbewußtsein gearbeitet und große Konflikte bei mir hervorgerufen.

Nachdem ich jahrelang nach einer passenden Therapie gesucht hatte, ohne eine zu finden, fand ich schließlich eine fähige Psychiaterin und begann mit einer Psychotherapie.

Und nun will ich von einem Traum erzählen, den ich nach etwa einem Jahr Therapie hatte.

Ich träumte, meine Eltern arbeiteten beide in einer Bank. Sie verbrachten fast ihre gesamte Zeit in dieser Bank, obwohl sie eigentlich mit mir und meinem Mann in einem Mietshaus in der Nähe wohnten.

Die Bank hatte zwei Eingänge. Vorne gab es ein wirklich solides, schönes Tor mit drei gut verschließbaren Türen. Die Hintertür dagegen war nur eine leichte Holztür. Innen war die Bank ein Labyrinth, mit Säulen und Alkoven. Überall gab es Schalter. Es gab auch abgetrennte Räume.

Ein gefährlicher Gorilla wurde in einem Käfig in der Bank gefangengehalten. Der Käfig hatte solide Gitterwände. Die Hauptaufgabe meiner Eltern bestand darin, den Gorilla zu bewachen. Aber der brach plötzlich aus. Er hatte den Käfig aufgebrochen und war durch die Hintertür entkommen, die sich ja leicht öffnen ließ, und hatte es nun auf mich abgesehen. Ich hatte schreckliche Angst und versuchte zu fliehen. Ich lief aus meiner Wohnung in die Bank zu meinen Eltern, um bei ihnen Schutz zu suchen. Auch ihre Arbeitskollegen würden mir sicher helfen und mich vor dem

Gorilla beschützen. Aber sie wirkten schadenfroh und nur wenig interessiert. Sie deuteten an, daß es, nach dem, was ich dem Gorilla angetan hatte (was das war, weiß ich nicht), verständlich wäre, daß er sich an mir rächen wollte.

Ich war die ganze Zeit auf der Flucht, verfolgt vom Gorilla. In meiner Wohnung, wo auch mein Mann wohnte, fühlte ich mich für eine Weile sicher. Aber plötzlich eines Nachts hörte ich, daß der Gorilla mir auf der Spur war. Ich konnte durch irgendeine Hintertür aus der Wohnung entkommen und stürzte in die Bank, wo meine Eltern schliefen. Mein Vater war krank, er hatte eine Krankheit, über die niemand reden wollte, es war tabu, sie zu erwähnen, und meine Mutter wich nicht von seiner Seite. Ich weckte meinen Vater, weil ich solche Angst hatte, aber er half mir nicht. Ich versuchte, meine Mutter zu wecken, die auf einer Matratze auf dem Boden schlief, aber sie schlief so fest, daß es unmöglich war. Als ich sie ansprach und ihr meine Notlage erklärte, antwortete sie im Schlaf und sprach über ganz andere Dinge. Sie sagte, sie müßte bei meinem Vater bleiben, weil er krank sei, und dann erzählte sie von ihren Problemen mit der Nachbarin. Meine Mutter brachte zum Ausdruck, daß sie mit ihren Problemen genug zu tun hätte.

Ich war schrecklich enttäuscht. *Der Gorilla war schon ganz in der Nähe. Andere Bankangestellte halfen mir, Zimmer und Türen auf- und zuzuschließen. Ich geriet in Panik, weil der Gorilla immer näher kam. Ich erwog verschiedene Möglichkeiten und hatte schreckliche Angst.*

Dann erwachte ich und hatte schreckliches Herzklopfen.

Den Gorilla sehe ich als Symbol für das Tierische in mir. Es ist wichtig, daß ich ein Einzelkind und deswegen vielleicht überbeschützt war. Bei uns zu Hause gab es viele Tabus, zum Beispiel alles, was mit Sex zu tun hatte. Und wie die meisten Mädchen wurde ich dazu erzogen, lieb und brav zu sein. Ich habe lernen müssen, auch meine weniger lieben Impulse zu akzeptieren, mir zum Beispiel jetzt, als Erwachsene zu gestatten, wütend zu sein.

Viele Grüße von einer »...Löwin«....

Dieser Brief erinnerte mich daran, daß ich mehr über Träume schreiben müßte.

Liebe »...Löwin«!
Sich mit den eigenen Träumen zu beschäftigen, bedeutet, sich als Mensch ernstzunehmen. Im Traum wird mir ein Brief geschrieben, der von meinem inneren Entwicklungsprozeß handelt.

Als Mensch reise ich durch die äußere und durch die innere Landschaft. In der äußeren geht es um Arbeit und um meine Beziehungen zu anderen Menschen. Es geht um Pflichten und um Leistung. In der inneren Landschaft geht es um Moral und Werte, daran, woran ich glaube und wovon ich träume. Es geht darum, wer ich bin, was ich mit dem Leben will, wofür ich kämpfen und welche Zukunft ich aufbauen will. Was in der inneren Landschaft Sinn und Freude vermittelt, kann etwas ganz anderes sein, als durch Erreichen äußerer Ziele Erfolg zu haben.

Der Traum kann als Bericht von der inneren Reise verstanden werden, als Beschreibung der Konflikte und Probleme, denen ich gegenübergestellt bin, der Kräfte, die mir helfen, und der Symbole und Ereignisse, die im Moment in meinem Leben wichtig sind.

Der Traum im Brief handelt von einem Gorilla, der Ihnen, der Träumenden, etwas tun will. In der Therapie haben Sie gelernt, den Traumbrief zu lesen. Sie erkennen den Konflikt in Ihrem Leben wieder, zwischen Ihrer wohlerzogenen und der tierischen, der unerzogenen Hälfte. Hinter der verängstigten Frau und dem Gorilla sehen Sie verschiedene Seiten Ihrer selbst. Es kann typisch dafür sein, wie ein Traum arbeitet, daß er den inneren Konflikt als ereignisreiches Drama mit mehreren Kämpfenden darstellt.

Eines der Probleme, die Frauen am meisten zu schaffen machen, ist das Selbstgefühl. Wer bin ich? Wie darf ich sein? Wenn ich brav, rücksichtsvoll und liebevoll bin, bin ich dann eine Frau, so, wie sie sein soll? Ein anderes ist die Beziehung zum Spiegel. Bin ich schön genug, mögen die Männer mich, bin ich attraktiv, kann ich die Aufmerksamkeit eines Mannes erregen? Auch diese Themen schlagen sich im Traum nieder.

Aber auch allgemein menschliche Themen, die Männer und Frauen betreffen, spielen eine Rolle. Auf welcher Seite stehe ich im Kampf um eine bessere Welt? Kann ich auf die Stimme der

Natur hören, lebe ich in Übereinstimmung mit geistigen Werten? Kann ich mein Leben und meine eigenen Wünsche beiseitestellen, um um die Zukunft der Welt zu kämpfen?

Der Traum benutzt eine Sprache, die uns in unserer Kultur fremd ist. Er benutzt zwar Ereignisse aus unserem täglichen Leben, verändert und verzerrt sie jedoch. Menschen, die wir kennen, haben im Traum andere Aufgaben, wir können sie kaum wiedererkennen. Wir befinden uns oft an seltsamen Orten, in fremden Landschaften, wo sich merkwürdige Ereignisse abspielen. Ja, vielleicht sind wir in ein ganz anderes Zeitalter versetzt. Menschen, die längst tot sind, können im Traum wieder lebendig werden.

Wenn ich meinen Traum verstehen will, dann bin ich die erste, die den Traumbrief lesen kann. Es gibt zu viele leichtfertige Methoden, um mit Hilfe eines Traumlexikons o.ä. eine fertige Traumdeutung zu erstellen. Sie wissen durch Ihre Therapie, wie tief persönlich Träume arbeiten.

Aber wir Menschen verfügen auch über einen Schatz von gemeinsamen Symbolen, Zeichen, historischen Ereignissen und Personen, über die wir einer Meinung sind. Die norwegische Flagge bedeutet für die meisten von uns »Norwegen«, ein Kreuz das Christentum, ein Tannenbaum Weihnachten. Gleichzeitig aber verfügen wir über höchst persönliche Erfahrungen und Erinnerungen, die diese Symbole anreichern. Der Tannenbaum kann auch für bittere Familienkonflikte stehen, die zu Weihnachten besonders dramatisch wurden. Die Flagge kann von der roten Liebe, der blauen Sehnsucht und der weißen Kälte in einer Liebesbeziehung handeln. Das Kreuz kann einen wichtigen Scheideweg im Leben bedeuten.

Der Gorilla in Ihrem Traum ist so ein allgemeines Symbol für Wildheit. Aber Sie, die von ihm träumen, haben durch die Therapie Hilfe beim Anerkennen Ihrer »wilden« Gefühle gefunden. Wir Frauen müssen unsere Gorilla-Seiten besser ken nenlernen. Das würde uns mehr Stärke und Mut geben.

Um besser auf die Träume zu horchen, kann es helfen, beim Aufwachen ganz still zu liegen (sooft wie möglich) und Papier und Kugelschreiber auf dem Nachttisch liegen zu haben. Schreiben Sie alles auf, woran Sie sich noch erinnern können, dann können Sie später alles noch einmal durchdenken und versuchen, den »Traumbrief« zu lesen. Was steht in diesem Brief von Ihnen an Sie selber? Aber vergessen Sie nicht, der Brief hat kein endgültiges Ergebnis. Wie bei einem Musikstück gibt es viele Antworten. Der Brief muß mehrmals gelesen werden.

Mit träumerischen Grüßen, die Psychologin.

46 Frauen greifen zu psychologischen und sexuellen Tricks

Wir hören immer wieder von Frauen, wie Männer und männliche Werte Haus, Schule und Berufsleben dominieren. Heute sind wir außerdem über die riesigen Ausmaße der Gewalt gegen Frauen informiert und sind darüber empört.

Aber wenn wir das Zusammenspiel — oder den Mangel an Zusammenspiel — zwischen Frauen und Männern verstehen wollen, müssen wir einsehen, daß auch viele Männer erleben, daß etliche Frauen Macht anwenden, dominieren und zu psychischer Gewalt greifen.

»Ich komme mir vor wie ein Hampelmann. Meine Frau benutzt Sexualität als Belohnung. Wenn ich brav bin und mache, was sie sagt, dann darf ich mit ihr schlafen. Wenn ich ›ungehorsam‹ bin, wird sie kalt und bestraft mich durch Verweigerung von Körperkontakt.«

»Ich komme mir vor wie ein Geldautomat. Sie interessiert sich nur für mein Einkommen.«

»Ich habe das Gefühl, mein Leben lang Frauen gehorcht zu haben. Sie haben immer meine Abhängigkeit von Wärme, Zärtlichkeit und Erotik ausgenützt. Ich habe immer die Erwartungen von Frauen erfüllt.«

»Sie reizt mich mit herausfordernden Kleidern und koketten Annäherungen auf, und dann zieht sie sich von mir zurück und kümmert sich nur um die Kinder. Das ist grausam. Ich bin eifersüchtig auf meine eigenen Kinder.«

»Meine Töchter treffen sich nur mit mir, damit ich Kinobesuche, Auslandsreisen und Kleider bezahle. Wenn sie mich umarmen und schmusig werden, dann weiß ich, daß sie gleich Geld verlangen werden. Sie verführen mich dazu, sie mit Geld zu überschütten, und nachher verhöhnt meine Exfrau mich als Schwächling.«

»Meine Exfrau ruft mich immer an, wenn sie Hilfe braucht. Ich schreibe ihre Steuererklärung, wechsele Dichtungen aus, wechsele Autoreifen. Wenn sie einen Liebhaber hat, vertraut sie sich mir an. Ich bin eine Mischung aus Hausmeister und Freundin für sie.«

Diese Zitate stammen aus meinen Therapiestunden mit Männern und aus Gesprächen mit Männern in anderen Zusammenhängen.

Wir wissen, daß Männer die meisten politischen Posten, leitenden Stellungen haben, daß sie in öffentlichen Debatten am häufigsten zu Wort kommen, daß sie in den Geschichtsbüchern dominieren und daß sie mehr Bücher veröffentlichen können. Und sie verdienen das meiste Geld.

Frauen haben in vielen Situationen die Möglichkeit gefunden, sich zu rächen. Nicht zuletzt in der Familie.

Durch die offensive Frauenbewegung haben auch manche Männer inzwischen verstanden, daß die Forderung der Frauen nach Gleichberechtigung berechtigt ist.

Aber gleichzeitig haben Männer begonnen, offener über ihre Auffassung zum Kampf der Geschlechter zu sprechen: Viele Frauen sind Expertinnen im Gebrauch von psychologischen und sexuellen Tricks, die ihrer nicht würdig sind.

Diese Botschaft müssen wir Frauen ernst nehmen. Es hat keinen Sinn, sich weiterhin an das Bild der Frau als verfolgte Unschuld zu klammern, wenn wir wissen, wie Frauen zum Beispiel während der Scheidung auftreten können. Und auch im täglichen Zusammenleben läßt sich einiges am Auftreten von Frauen Männern gegenüber aussetzen.

»Meine Frau bestimmt alles, was ich mache, welche Bücher ich lese, mit wem wir uns treffen, wo wir die Ferien verbringen und was ich esse — sogar, wenn ich koche. Wenn ich sage, heute hätte ich Appetit auf Spaghetti, dann kannst du dich darauf verlassen, daß es Fleischklöße gibt.

Ich mache überhaupt nichts mehr, wozu *ich* Lust habe. Ich schiebe jetzt zweimal in der Woche Überstunden, nur, um zu essen, was ich will, und um meine eigenen Gedanken zu denken«, sagte ein Mann.

Ich halte es für wichtig, daß wir Frauen unseren Anteil am Machtspiel sehen, und nicht nur den Männern vorwerfen, uns zu dominieren, zu tyrannisieren und zu vergewaltigen. Dann können wir unsere Männer vielleicht eher verstehen und ein besseres Zusammenspiel entwickeln.

47 Wenn Sexualität zu Strafe oder Belohnung wird

»In meiner früheren Ehe bin ich mir nach und nach wie ein Hund vorgekommen. Wenn ich brav war, mir ihre Sorgen um die alte Mutter anhörte, ihr wegen des Essens Komplimente machte, bekam ich meine Belohnung — eine halbe Stunde mit ihr nackt im Bett.«

Als ich diese Geschichte hörte, lief es mir kalt über den Rücken und ich begriff, warum sich dieser Mann schließlich eine andere Frau gesucht hatte. Als ich mit Männern sprach und über Männer las, entdeckte ich immer mehr, wie hilflos Männer sind, wenn Frauen Sexualität als Strafe oder Belohnung benutzen.

»Frauen können auf 365 verschiedene Weisen ›nein‹ sagen«, meinten einige, wenn das Gespräch auf das Verhältnis von Männern und Frauen zur Sexualität kam. Viele Briefe, die ich bekomme, handeln von schlechtem Sexualleben. Manche berichten, daß ihr Sexualleben aufgehört hat. Das wird in der Regel in Zusammenhang mit anderen gefühlsmäßigen Problemen in der Beziehung gesetzt.

Die meisten, die das Verhältnis von Männern und Frauen zur Sexualität untersucht haben, vertreten die Ansicht, daß dieses Verhältnis sich stark unterscheidet. Für Männer ergeben sich Nähe und Offenheit aus einem guten sexuellen Zusammenspiel. Während Frauen ein nahes und offenes menschliches Zusammenspiel als Voraussetzung für die sexuelle Begegnung sehen. Das gilt natürlich nur, wenn wir uns ganz allgemein als zwei große Gruppen betrachten.

Weil viele Frauen so stark abhängig vom menschlichen Zusammenspiel sind, um Sexualität zuzulassen, ist es leicht zu verstehen, daß sie »365 verschiedene Weisen, um ›nein‹ zu sagen«, entwickeln, wenn der Mann ihre Wünsche nicht erfüllt. Oder daß ihr Körper sich einfach verschließt. Aber wenn eine Frau Sexualität als Strafe oder Belohnung einsetzt, wird der Kern ihres Zusammenspiels mit einem Mann bedroht. Es ist deshalb sehr gefährlich, diese Waffe gezielt einzusetzen. In vielerlei Hinsicht entspricht es der gezielten körperlichen Bestrafung von Kindern. Auch das ist eine Bedrohung der Grundlage des Zusammenspiels. Das Kind baut eine Sperre auf und macht sich unverletzlich, oder es wird unterdrückt und passiv.

Eines meiner eigenen großen »Erlebnisse« in der Zeit, als ich darum kämpfte, eine erwachsene Frau zu werden, war »meine Seite des Falls«. Mir wurde mein sexueller Trieb, der in mir lebte und wogte, immer bewußter. Manchmal spürte ich ihn deutlich, fühlte mich »scharf«, geil wie eine rollige Katze, zu anderen Zeiten war die Sexualität weit weg. Dann konnte ich müde und erschöpft sein oder mit meiner Arbeit oder anderen Aktivitäten völlig beschäftigt sein. Gleichzeitig bemerkte ich, daß dieser Ebbe-und-Flut-ähnliche Trieb auch mit den Menstruationsphasen zu tun hatte. Mit anderen Worten, ich entdeckte mein eigenes sexuelles Leben. Die andere Seite des Falls ist natürlich die »sexuelle Zündung«, die das Zusammenspiel mit einem Partner oder einer Partnerin schaffen kann.

Nun, viel später, weiß ich als Psychologin mehr über Frauen und Sexualität. Frauen sind in dieser Hinsicht strenger erzogen

worden, und deshalb müssen sie härter darum kämpfen, diesen Teil ihrer selbst kennenzulernen. Viele Frauen überlassen die ganze Verantwortung für ihr Sexualleben dem Mann und machen ihn für das schlechte sexuelle Zusammenspiel verantwortlich. Es hängt von ihm ab, ob es gut oder schlecht ausfällt. Die Sexualität ist ein »Geschenk«, wird oft mit leicht ehrerbietigem Tonfall behauptet, oder: Sexualität ist »heilig«. Das bedeutet, daß sie auf jeden Fall sehr ernst genommen werden muß und nur im Rahmen der großen Liebe oder der Ehe stattfinden darf. Und dadurch wird die Sexualität nur mit dem bloßen Geschlechtsverkehr in Verbindung gebracht.

Aber Sexualität ist ein biologischer Trieb in uns Menschen, wie das Bedürfnis nach Schlaf und Ruhe, nach Essen und Bewegung. Sexualität ist auch ein Teil unserer Sprache. Und sie kann ein Gerät sein: Durch Liebkosungen und Berührungen kann ich Fürsorge zeigen, kann Nahrung und Wärme geben, vielleicht eine Tür öffnen, die früher am Tag unfreiwillig zugeschlagen worden ist.

Sexualität ist auch Spiel. Durch das Spiel bearbeiten und formen Kinder Erlebnisse und Erfahrungen und lernen sich selber kennen. Auch im Erwachsenenleben dürfen wir das Spielen nicht vergessen.

Eine andere große Entdeckung, die ich auf meiner sexuellen »Reise« gemacht habe, war die Erkenntnis der sexuellen und erotischen Komponenten im Kontakt mit meinen Freundinnen. Die Freude und die »Zündung«, die ich bei ihnen erleben konnte, waren nicht dieselben wie bei einem Mann, hatten aber doch eine gewisse Ähnlichkeit. Mit einer Frau, die nichts Sinnliches an sich hatte, bekam ich ganz einfach keinen Kontakt. Zuerst bekam ich einen Schrecken. In unserer Kultur sind wir zur Ablehnung von Homosexualität erzogen worden. Aber später freute ich mich darüber, und ich konnte der Wärme und meiner sinnlichen Zärtlichkeit freien Lauf lassen, weniger scheu sein. Und ich begriff, daß das alles nicht unbedingt etwas mit Homosexualität zu tun haben mußte.

Als ich Bücher über Männer las, ging mir auch auf, wie gering das »Training« der Männer im Zusammenspiel mit anderen Menschen auf naher, gefühlsmäßiger Ebene doch ist. Männer sind im Mannschaftsspiel trainiert. Sie sind oft sehr fähig im Verteilen von Arbeit, darin, zusammen zu arbeiten, zu verhandeln, Ergebnisse zu erzielen. Aber sollen sie sich öffnen, ihre Gefühle, Träume und Sehnsüchte erkennen, dann werden sie schüchtern und gehemmt. Deshalb klagen viele Männer über Einsamkeit in diesem Lebensbereich. Sie haben Angst davor, sich zu öffnen, und in persönlichen Krisen sind sie sehr hilflos. Die meisten Frauen dagegen können in dieser Situation auf ein Netzwerk von Frauen zurückgreifen.

Im täglichen Zusammenleben in einer Beziehung erlebt der Mann die Frau oft als fordernd und gierig, sie will mehr Nähe und Offenheit, als er liefern kann. Sie will auch viel Hilfe und Unterstützung. Wenn er ihre Ansprüche nicht erfüllt, zieht sie sich sexuell zurück. Dadurch wird er »doppelt« eingesperrt.

Für die meisten von uns, Frauen wie Männer, ist unsere Beziehung zu unserem Körper von zuviel Unsicherheit, Distanz und Vorsicht geprägt. Viele von uns empfinden Steifheit, Unwohlsein und vielleicht sogar direkte Angst dem Körper gegenüber, in dem wir nun einmal wohnen. Durch das sexuelle Spiel und die Erforschung unseres Körpers und dessen von Partnerin oder Partner können wir uns auf eine spannende Reise begeben und einander besser kennenlernen. Deshalb meinen alle Lehrmeister und -meisterinnen in der Kunst der Erotik und Sexualität, daß wir erst unseren eigenen Körper kennenlernen müssen, ehe wir uns für einen anderen Menschen wirklich öffnen können. Wenn Sexualität mit Strafe und Belohnung verbunden wird, können Anziehung, Zündung, schließlich verschwinden, und dann sagt der Körper selber »nein«.

Der Körper will nicht brav sein. Er will leben, sich öffnen und wie eine Rose blühen. Und das gilt nicht zuletzt auch für den Körper des Mannes.

48 Auch Frauen sehen Männer an

Männer sehen Frauen an, das wissen wir. Die Blicke von Männern können als kleine Liebkosung oder als munterer Gruß erlebt werden: Ich sehe dich, du bist eine Frau, und ich sehe dich gern an. Ich freue mich, recke mich ein bißchen, wiege mich vielleicht ein bißchen mehr in den Hüften, wenn ich gehe, und fahre kokett mit der Hand durch meine Haare.

Aber der Blick eines Mannes kann auch wie ein Hohn wirken; er sieht mich nur als Ware, als einen Körper, den er benutzen kann oder den er nicht will. Ich lese Verachtung in seinem Blick, vielleicht Gewalt. Dann werde ich deprimiert und verängstigt, mein Körper sinkt in sich zusammen und will sich verstecken. Abends begleitet den Blick vielleicht eine Bemerkung, eine Einladung: »So allein, Süße?« Ich fahre zusammen. Sehe ich denn so aus, meinen auch noch andere, ich... Ich beeile mich, um in eine hellere und sicherere Straße zu kommen.

Es wird viel über das Verhältnis von Männern zum Frauenkörper und über die Frauenverachtung vieler Männer geschrieben und gesprochen. Aber unser Leben mit Männern als Partner, Söhnen oder Kollegen wird nicht leichter, wenn wir das alte Bild des Mannes als sicherer Fels, als Prinz, der uns retten soll, durch ein negatives Bild ersetzen: Ein Mann, der gefährlich ist und uns verachtet.

Es ist wichtig, daß wir lernen, hinter die Klischees zu blicken, Männer so zu sehen, wie sie sind, mit guten und schlechten Seiten. Der Kampf zwischen Wärme und Kälte, Verachtung und Zärtlichkeit, Offenheit und Entziehung spielt sich in uns allen ab. Bei manchen verläuft dieser Kampf eher im Verborgenen, eine Seite scheint zu dominieren. Bei anderen toben die widerstrebenden Seiten offen und für alle sichtbar. Diesen Kampf gibt es bei Frauen und bei Männern. Auch Frauen sehen Männer an, und Männer erleben das als Liebkosung oder Strafe. Frauen können in ihrer Beziehung zu Männern sehr aggressiv sein. Wer kennt keine beißenden Bemerkungen von Frauen?

Mit 20 Jahren habe ich oft mit einem Jugendfreund meines

Bruders gegessen. Eines Abends sprachen wir über unsere Teenagerzeit, und ich verbreitete mich eifrig darüber, wie dominierend die Jungen im Dorf waren und wie sie mich mit ihrem höhnischen Auftreten verletzt hatten. Zu meiner großen Überraschung erzählte er, wie ich es ihnen mit gehässigen, beißenden Bemerkungen heimgezahlt hatte.

Seitdem habe ich Frauen so gemeine und höhnische Bemerkungen machen hören, daß ich mich beim Anblick der angesprochenen Männer gekrümmt habe, wenn sie gewissermaßen vor unseren Augen einschrumpften. Widerwillig habe ich auch meine eigene Kälte und Verachtung kennenlernen müssen. Ich weiß, daß sie in mir zum Vorschein kommen, wenn ich erschöpft bin, mich hilflos fühle oder mich rächen möchte.

Aber durch diese herbe Klarheit habe ich auch gelernt, Männer offener und näher zu sehen, und habe in höherem Grad miterlebt, wie Männer und Frauen mit Blicken miteinander spielen. Deshalb sehe ich Männer jetzt genauer an. Ich sehe die Zärtlichkeit des jungen Vaters, der ein kleines Mädchen hoch in die Luft hebt, und mir wird warm ums Herz. Ich sehe einen Mann, der den Arm um die Schulter einer alten Dame legt und ihr über die Straße hilft und denke, die sind sicher Mutter und Sohn. Ich sehe einen Mann strahlen, weil seine Geliebte auf ihn zu kommt. Es kann im November sein, vielleicht ist sie erschöpft und ihre Haare sind ein bißchen zerzaust, aber nun strahlt auch sie, und eine Weile lang erhellt die Liebe der beiden die ganze Straße.

Ich bin auch mit Freundinnen oder Kolleginnen ausgegangen und habe Männer zusammen mit ihnen gesehen. Wir haben Muskelspiel in einem schönen Rücken gesehen, haben über schmale Hüften und enge Hosen, die das Geschlecht zeigen, gekichert, und haben uns eine muntere Bemerkung und einen Extrablick erlaubt, weil wir uns in unserer Frauenclique sicher fühlten.

Die Sicherheit in der Frauenclique begleitet mich nun auch, wenn ich allein bin. Ich fühle mich nicht allein, ich weiß, daß die anderen im Grunde dasselbe erleben wie ich; ich werde in meinen Gedanken sicherer und traue mich, offen zu zeigen, wo ich stehe.

Und dann fürchte ich mich nicht mehr so sehr vor dem verächtlichen Blick, ich bin nicht mehr so schwach — ich schlage zurück. Dann kann ich auch die Unsicherheit bei ihm sehen, und wenn ich Kälte mit Wärme begegne, kann ich sehen, wie die Verachtung verschwindet und die Offenheit kommt. Und ich sehe, daß er neugierig wird: Was ist gerade passiert? Dann kann ich hinter die Maske sehen.

Sich der Macht des Frauenblickes bewußter zu werden, kann bedeuten, als Frau sicherer zu werden, sicher genug, um der Sinnlichkeit im Blick freien Lauf zu lassen, um zu wagen, das Spiel der sexuellen Kräfte zwischen den Menschen zu spüren.

Der Blick ist das Werkzeug von Phantasie und Spiel im Leben. Lassen Sie ihm freien Lauf, meine Damen!

49 Wenn der Körper nicht mehr singt

Liebe Psychologin!
Ich glaube, ich muß im Leben ein paar wichtige Dinge mißverstanden haben. Ich habe viel über mich und mein Leben nachgedacht und versucht, mit anderen, meinen Nächsten, das zu teilen, was ich auf meinen inneren Reisen gefunden habe. Aber ich finde, ich habe niemals etwas dafür zurückbekommen. Ich habe das Gefühl, leer zu sein, die Lebensfreude ist verschwunden, ebenso Geduld und Freigiebigkeit.

Ich habe zwei Ehen hinter mir, und nun ist eine Beziehung zerbrochen. Ich konnte keine Grundlage für das Vertrauen, das zwischen zwei Menschen nötig ist, schaffen. Meine Probleme sind natürlich meine; sie hängen mit mir und meinem ehemaligen Freund zusammen, aber viele dieser Probleme scheinen wir mit anderen Paaren zu teilen.

Was nützt es uns Frauen, uns in Beziehung zu Männern und Gesellschaft unserer bewußt zu werden, wenn wir das Dilemma, uns von den Männern zu befreien und doch mit ihnen zusammenzuleben, nicht lösen können? Wie sollen wir den Dialog, das positive Gespräch erreichen?

Sicher hat sich das Geschlechtsrollenmuster ein wenig geändert — die Arbeitsteilung ist etwas anders, vor allem bei jüngeren Paaren. Aber wir scheinen nicht besser gelernt zu haben, uns von unseren tiefsten Bedürfnissen und Wünschen zu erzählen. Vielleicht stimmt etwas nicht mit dieser neuen Form von Selbständigkeit und Selbstkontrolle, äußerlichem Erfolg und Gelingen?

Liebe Grüße, »An einem Scheideweg«.

Das war ein Auszug aus einem sehr langen und nachdenklichen Brief, aber es hätte auch das Ergebnis vieler Gespräche sein können, die ich mit Frauen geführt habe. Ja, und von Gedanken, die ich mir selber gemacht habe, und meinen Lebenserfahrungen.

Liebe »An einem Scheideweg«!
Sie haben schon recht, der Kampf um äußere Selbständigkeit

und um Erfolg kann zu einem Lebensstil führen, der für die Liebe in unserem Leben schlechten Nährboden bietet. Liebe erfordert, daß wir in uns hineinhorchen und füreinander offen sind.

Aber ob wir in früheren Zeiten mehr über die Lebensbedingungen von Liebe gewußt haben, ist wirklich ungewiß. Damals sind wir dem Leben wahrscheinlich auch nicht mit geringeren Erwartungen und Ansprüchen gegenübergetreten. Frauen waren oft mit wenig zufrieden und verdrängten ihre eigenen Bedürfnisse, während sie zuviel Rücksicht auf andere nahmen. Damit waren sie nicht immer glücklich, und nicht selten mußten Mann und Kinder die Kehrseite der Medaille erleben.

Vielleicht haben viele Erwachsene heute die Erinnerung an Mütter, die alles für sie geopfert haben und sie den Preis des schlechten Gewissens bezahlen ließen. Ich habe soviel für dich getan, jetzt mußt du alles erreichen, was ich nicht ausführen oder erleben konnte! Vielleicht stammen einige unserer übertriebenen Ansprüche an das Leben von solchen Müttern?

Ihr Brief erzählt von einer ausgebrannten, resignierten Lebenssituation. Sogar Ihre Arbeit haben Sie aufgegeben, schreiben Sie. Nun sind Sie in einer »Null-Phase« und brauchen Hilfe, um weiterzukommen. Sie schreiben, daß Sie früher eine positive und muntere Frau waren, daß Sie nun aber nicht einmal die Nähe von Freundinnen ertragen können, die Ihnen helfen wollen.

In Ihrem Brief lese ich etwas zwischen den Zeilen, das mich Ihren Körper als ein Instrument sehen läßt, das nicht mehr klingt. Sie haben soviel vom Leben gewollt. Auch von den Männern, mit denen Sie zusammen waren, haben Sie so entsetzlich viel gewollt. Ja, ich habe den Eindruck, Sie haben mehr abgebissen, als Sie herunterschlucken können, um eine alte Redensart zu benutzen. So geht es heute wohl vielen Frauen. Wir wollen sowohl das neue Leben mit Selbständigkeit und beruflichem Erfolg — und das alte Familienleben und eine innige Liebesbeziehung. Gleichzeitig sollen wir gesellschaftlich aktiv sein; die Zeit reicht nicht und am Ende sind wir kaputt.

Scheidungen und andere Formen der Veränderung erschöpfen ebenfalls, körperlich und seelisch. Wenn der menschliche Körper dermaßen unter Druck gesetzt wird, reagiert er durch

»Rückzug«. Der Körper beschützt sich vor Gefühlen, die Muskeln spannen sich an, die Sinne sind weniger empfänglich, Konzentration und Fähigkeit zum Engagement lassen nach. Die Welt wirkt grau; Licht und Farben verschwinden. Dieser körperliche »Null-Zustand« wird fast wie ein kleiner Tod erlebt.

Ich glaube, Sie befinden sich jetzt in so einem Zustand. Sie haben das verloren, wovon Sie geträumt und wonach Sie sich gesehnt haben, und Sie können Ihre Fähigkeiten, auszuhalten und Kraft und Energie zu benutzen, nicht mehr anwenden.

Wenn Sie ärztliche Hilfe aufsuchen, wird Ihnen sicher erzählt werden, daß Sie unter Depressionen leiden. Ich würde es lieber Trauer nennen. Ihr Körper trauert, er will sich im äußeren Leben nicht engagieren. Er hat sich nach innen gekehrt. In dieser Situation können Sie nichts anderes tun, als sich die Zeit zum Trauern zu lassen.

Wir wissen heute zu wenig darüber, wie wir der Trauer begegnen sollen. Deshalb versuchen die meisten, sie herunterzuschlucken, sich in Aktivitäten zu stürzen, ihre Trauer mit Medizin zu ersticken, und so weiterzuleben, als wäre damit der Fall erledigt. Viele nehmen sofort eine neue Beziehung auf, nachdem die alte zerbrochen ist, und glauben, sie hätten vergessen.

»Die Zeit heilt alle Wunden«, sagt ein altes Sprichwort. Aber die Zeit heilt die Wunden nicht, wenn ich die Trauer nicht zulasse. Unverarbeitete Trauer wird im Körper gelagert und verschlingt Energien und Kräfte. Ich muß Körper und Geist erlauben, Sehnsucht und Verzweiflung an sich heranzulassen, ich muß auf meine Gedanken hören, muß böse Erinnerungen aufsteigen und seltsame Träume sich in mir entfalten lassen. Auf Bekannte, die versuchen, mich abzulenken, darf ich nicht hören. Ich soll mich nicht zusammenreißen und in praktische Aufgaben stürzen. Wenn der Körper sagt, daß er nun im Nullzustand sein will, muß ich ihm Zeit dazu lassen. Ich darf nicht versuchen, mir einen künstlichen Optimismus aufzuzwingen.

Wenn ich mir die Zeit lasse, für eine Weile in dieser Null-Dunkelheit zu verharren, werde ich erleben, daß sich neuer Lebensmut seine Bahn durch das Dunkel bricht. Woher kommt das?

Während der Körper trauert, kommt es zu einer Umschmelzung unserer Lebenserfahrung. Neue innere Verbindungen werden hergestellt, alte Erinnerungen erhalten eine neue Bedeutung. Ich finde vielleicht besseren Kontakt zu den Menschen in meiner Umgebung, weil ich mich nicht mehr so davor fürchte, zu zeigen, daß ich mit bloßen Händen dastehe. Oft werde ich in einer solchen Phase meine Lebensziele ändern und neue Interessen entwickeln.

Der menschliche Geist, der menschliche Körper haben gute, selbstheilende Fähigkeiten. Aber wir geben ihnen nicht immer die Zeit, die sie brauchen, um zu wirken.

50 Wenn der Körper um Hilfe bittet

Randi liegt auf der Bank der Heilgymnastin. Sie hatte Schmerzen in den Armen, der Schularzt diagnostizierte ›Berufsneurose‹ und schickte sie zur Heilgymnastin. Randi ist 16 Jahre alt und ein pflichtbewußtes junges Mädchen, immer die, die in der Nachbarschaft das Babysitten übernimmt. Die Eltern unterrichten beide. Randi hat zwei kleinere Geschwister. Die ganze Familie ist immer schwer beschäftigt. Die beiden jüngeren Kinder sind bei den Pfadfindern und im Schulorchester aktiv, Mutter und Vater betätigen sich politisch.

Die Heilgymnastin stellt bald fest, daß nicht nur die Arme betroffen sind. Die Schultern sind verspannt, die Rückenmuskeln schlecht entwickelt und der ganze Körper verklemmt und angespannt.

Nun liegt Randi auf der Bank und wird an Rücken und Nacken massiert. Kari, die Krankengymnastin, plaudert dabei. Mit ihrem freundlichen Gerede flößt sie Randi Sicherheit ein, schließlich öffnet sie sich. Randi erzählt zuerst langsam und zögernd, bei den späteren Terminen dann eifriger und offener.

Die nächsten beiden Termine hält Randi dann nicht ein. Kari fragt sich, warum die pflichtbewußte Patientin ausbleibt. Aber Randi kommt, als Kari bei ihr zu Hause anruft und nach ihr fragt. Kari weiß, daß es nicht immer so klug ist, einen Teenager direkt zu fragen, deshalb bringt sie nur zum Ausdruck, es sei nett, Randi wiederzusehen, und plaudert wie immer über die Schule und darüber, wieviel Randi so kurz vor den Zeugnissen sicher noch zu tun hat.

Während sie plaudert, massiert sie die Muskeln auf der Vorderseite der Schultern.

»Tief atmen«, sagt sie und sieht, daß Randi plötzlich Tränen in den Augen hat. Als sie fragt, was los ist, bricht das junge Mädchen ernsthaft in Tränen aus. Kari weiß, daß viele weinen müssen, wenn bestimmte Muskeln massiert werden, und nimmt Randis Gefühle ruhig entgegen.

»Ich mußte plötzlich daran denken, daß meine Großmutter

vor einem Jahr gestorben ist, meine Großmutter, die auf mich aufgepaßt hat, als ich klein war, und die ich so geliebt habe«, sagt Randi.

Als Randi geboren wurde, war ihre Mutter erst 17. Während ihre Mutter die Schule beendete und dann Lehrerin wurde, wohnten sie bei der Großmutter. Beim Studium lernte die Mutter Jonas, Randis jetzigen Vater kennen. Nach dem Examen zogen sie in eine andere Stadt, wo die Familie heute noch wohnt. Randi war damals sechs. Sie erinnert sich nicht sehr gut an die erste Zeit, weiß aber noch, daß sie kurz nach dem Umzug in die Schule gekommen ist. Sie war gehemmt und unsicher, sprach anders als die anderen und wollte nicht mit ihnen spielen. Aber das ging vorbei, sagt Randi, und bei der Großmutter fand sie Sicherheit und Trost.

Sie wünscht sich oft, ihre Großmutter lebte noch und sie könnten bei ihr wohnen. »Mutter hat immer soviel zu tun«, sagt sie und schnieft.

Es kommt heraus, daß Randi ein schlechtes Gewissen hat, weil sie nicht bei der Beerdigung ihrer Großmutter war, sie hatte sich nicht hingetraut. Sie trauerte sehr, als ihre Großmutter starb, und weinte zu dieser Zeit viel — und das gefiel ihrer Mutter nicht.

Kari erklärt Randi, daß wir Menschen oft angespannt sind und Schmerzen bekommen, wenn wir um Beherrschung ringen.

»Ich glaube, du solltest mit deiner Mutter über all das sprechen, was du mit dir herumschleppst. Wenn ich sie anrufe und schon mal ein bißchen erkläre, fällt dir das vielleicht leichter?« Randi nickt dankbar.

Eine Woche später erscheint ein erleichtertes und frohes junges Mädchen bei der Heilgymnastin. Randi hat mit ihrer Mutter ein langes, gutes Gespräch gehabt. Sie sind auch im Kino gewesen, die beiden allein. Randi strahlt, als sie davon erzählt. Sie möchte unbedingt die Übungen lernen, damit sie allein weitermachen kann, und Kari kann die Behandlung beenden.

Heute sind Trauer und Verzweiflung in unserer Kultur fast schon heimliche und verbotene Gefühle. Die Traditionen und Rituale, die früher den Menschen durch die erste schwere Zeit nach einem Todesfall in der Familie geholfen haben, haben ihre Bedeutung verloren und gelten nicht mehr. Statt dessen bekommen wir Medizin, um bei der Beerdigung nicht zu weinen. Diese falsch verstandene »Hilfe« lehrt uns, unsere Trauer einzusperren und der Welt eine beherrschte Fassade zu zeigen.

Was viele Menschen nicht wissen, ist, daß eingesperrte Trauer körperliche und geistige Probleme hervorrufen kann.

Randi hat sicher früh gelernt, Mutters brave, hilfsbereite Tochter zu sein, die ihre Mutter nicht mit ihren Sorgen belastet. Schon als kleines Mädchen hat sie versucht, ihre Probleme selber zu lösen, als sie in eine neue Stadt, zu einem neuen Vater kam.

Als ihre Großmutter im letzten Jahr starb, war das die Spitzenbelastung, die Randi nicht mehr ertragen konnte. Sie zog sich in sich selber zurück. Sie verschloß ihre Trauer, zeigte nicht, wie sehr sie die Großmutter vermißte, und sagte niemandem etwas von ihren Gedanken. Aber der Preis war zu hoch, und Randis Körper meldete sich. Der schmerzende Arm und das Kopfweh waren Signale, die den Erwachsenen in ihrer Nähe klarmachten, daß sie Hilfe brauchte. Randi war ihrer Mutter gegenüber zu loyal, um das selber zugeben zu können. Viele, sehr viele Menschen sind wie Randi. Kleinere Kinder haben Bauchweh, Schlafprobleme und andere diffuse nervöse Störungen, wenn sie unter Druck leben.

Erwachsene leiden an einer Unzahl von psychischen Symptomen, die physischen Symptomen zum Verwechseln ähneln. Es ist behauptet worden, daß fast 50 Prozent aller Menschen, die zum Arzt gehen, im Grunde nicht krank sind, sondern psychische Symptome aufweisen, die physische Wirkung haben.

Was sagt uns das?

Es sagt uns, daß zwischen den körperlichen Reaktionen und unseren Gefühlen und Gedanken ein enges Zusammenspiel stattfindet. Der Ausdruck »denk dich gesund« hat etwas Wahres.

Wie können wir Randi verstehen?

Ich sehe ein kleines Kind mit zwei Müttern vor mir. Ihre Mutter war eine sehr beschäftigte Studentin, die Großmutter war immer da und kümmerte sich um Randi. Die Großmutter wurde zu der vertrauten Mutter, die Zeit und Ruhe zum Zuhören hatte. Auch die Mutter wäre sicher gern so gewesen, aber sie hatte viele eigene Bedürfnisse, eigene Gedanken und Ideen, so daß für die Tochter nicht mehr genug Zeit blieb. Randi wählte — ohne daß irgendwer das wußte — ihre Großmutter als psychologische Mutter, auf die sie sich stützen und bei der sie Sicherheit finden konnte.

Die erste Belastung, die sie erlebte, war die Trennung von der Großmutter. Damit wurde sie fertig, aber die Großmutter starb und Randi verlor ihren sicheren Halt im Leben. Erst als sie erlebte, daß ihre Mutter ihre Gefühle verstehen und annehmen konnte, wurde die Mutter zu der Mutter, die sie jetzt während des Übergangs ins erwachsene Leben braucht.

Als sie Randis Mutter erzählte, was Randi gesagt hatte, und als sie zeigte, daß sie verstand, wie wichtig es für Randi war, mit der Trauer um die Großmutter zu arbeiten, baute Kari eine Brücke zwischen Randi und ihrer Mutter. Nun hatten die beiden eine Grundlage, auf der sie weiter aufbauen konnten. Eine offene Trauerarbeit in der Familie ist die beste Hilfe.

51 Dornröschen in der Mietskaserne

Niemand kann Toril helfen, sagen die Leute. Sie ist deprimiert und passiv, ihr ältester Sohn ist rauschgiftsüchtig und die Tochter ist von der Schule abgegangen und gammelt herum. Nun steht zur Frage, ob der jüngste Sohn in ein Heim soll, ehe auch er auf die schiefe Bahn gerät. Viele haben versucht, der Familie zu helfen, aber Toril hat diese Hilfsangebote nicht zu nutzen gewußt.

Ich begegne ihr eines Nachmittags. Die Tochter liegt noch im Bett. Die Wohnung ist aufgeräumt, aber die Rollos sind noch unten und ein klares, graues Licht liegt über dem Zimmer. Auch Toril hat etwas Verträumtes, fast, als ob sie schliefe.

Dornröschen schlief hundert Jahre lang — bei diesem Gedanken ertappe ich mich. Torils Stimme ist flach und tonlos. Sie leiert eine Geschichte herunter, die sie schon viel zuoft erzählt hat. Ihr Blick ist tot, und ich suche etwas, womit ich sie erreichen kann.

Ich folge einer Eingebung und frage: »Toril, wo bist du geboren?«

Sie fährt zusammen und erzählt, daß sie aus einem kleinen Ort in Nordnorwegen kommt. Sie fährt fast jeden Sommer hin.

»Sprich mal Nordnorwegisch«, sage ich.

Zuerst will sie nicht, aber ich lasse nicht locker, und schließlich tut sie es. Ihre Stimme belebt sich, ihre Wangen bekommen Farbe. Ihre Augen funkeln und sie erzählt mit Temperament und Glut. Zum Glück war ich schon einmal in der Gegend, wo sie aufgewachsen ist, und kann deshalb die richtigen Fragen stellen.

Die Sprache war der Schlüssel zu Toril. Nun erwachte sie und ich hörte auch einen anderen Teil ihrer Geschichte.

Als sie fünf Jahre alt war, starb ihre Mutter, und ihr Vater und die Großmutter hielten die Familie zusammen. Aber als Toril 16 war, starben beide innerhalb eines halben Jahres, und ihr wurde bei Verwandten in Oslo eine Stelle im Haushalt angeboten.

Unmittelbar nach der Beerdigung fuhr sie nach Oslo. Die Verwandten waren nett, aber sie fanden, es sei das beste für Toril, ihre Trauer so schnell wie möglich zu vergessen, und sie lernte, sie nicht zu zeigen.

Sie blieb in Oslo und wurde mit 18 Jahren schwanger. Sie heiratete ihren Freund und bekam kurz nacheinander noch zwei Kinder. Aber der Mann verschwand und sie saß mit den Kindern da. Sie blieb im wahrsten Sinne des Wortes sitzen. Sie konnte den Kindern keine Grenzen setzen, konnte sich zu nichts entschließen und es auch durchführen.

Sie arbeitete tüchtig und konnte die Familie einige Jahre lang versorgen. Bis die Kinder anfingen, Schwierigkeiten zu machen. Da verlor Toril ihre Energie. In den letzten Jahren hatte sie von Sozialhilfe gelebt und gänzlich aufgegeben.

Während wir uns unterhielten, schellte das Telefon und Torils Tochter erschien. Sie war dünn und blaß und hatte strähnige Haare. Wie die Mutter, so die Tochter, dachte ich. Torils Traurigkeit hatte sie offenbar angesteckt. Aber später, als ich mich ein bißchen mit ihr unterhielt, entdeckte ich, daß sie ein lebhaftes Mädchen war, in dem mehr steckte, als sie wußte.

Torils Geschichte zeigt, wie Trauer und Entwurzelung einen Menschen lähmen können. Toril war nach Oslo gekommen, ehe sie Trauer und Verlust hatte verarbeiten können. Durch ihren Umzug hatte sie noch mehr menschliche Bindungen zerrissen. Und sie verließ ein Milieu, das sie kannte, und eine Natur, die sie liebte.

Toril war jung und stark. Sie verschloß ihre Trauer in sich und machte das Beste aus der Situation. Aber das kostete sie mehr, als sie ahnte. Mit der Trauer wurde sie fertig, aber sie wurde passiv und nachgiebig und ließ sich ausnützen. Als sie Kinder bekam, konnte sie sie nicht erziehen, sondern wurde unsicher und konnte keine Grenzen setzen. Deshalb fanden sie nicht die Unterstützung, die sie in der Großstadt brauchten.

Niemand von den Sozialarbeitern, die versucht hatten, Toril zu helfen, hatte den Schlüssel zu ihren Problemen gefunden. Sie hatten nur versucht, eine bessere Mutter aus ihr zu machen. Ihre Tochter bekam bei der Schularbeit kaum Hilfe von ihrer Mutter. Statt dessen lud Toril ihr immer mehr von der Verantwortung für die Hausarbeit auf. Sie gab die Schule auf, um ihrer Mutter zu helfen. Aber schließlich wurde sie mit dieser großen Verantwortung nicht mehr fertig und wurde passiv und apathisch wie ihre Mutter.

Als Psychologin bin ich darin trainiert, nach den versteckten Problemen der Menschen zu suchen und hinter die Symptome zu blicken. Ich konnte auch auf der Erfahrung der anderen hilfsbereiten Menschen aufbauen. Ich wußte, daß normale Hilfe und Unterstützung nicht genug sein würden. Ich hatte auch die Möglichkeit, durch mein Wissen über Trauer und Krisen Torils Probleme zu erkennen. Deshalb konnte ich in ihrer Lebensgeschichte *ein bestimmtes Muster* ausmachen. Ich sah das Thema *Trauer und Trennung* und konnte ihr zeigen, was sie in sich eingesperrt hatte. Das war der Anfang der Behandlung.

Heute treffen wir oft auf eingekapselte und verdrängte Trauer. Wir haben das alte Wissen und die Traditionen, die früher den Menschen dabei halfen, ihre Trauerarbeit zu beginnen, fast vergessen. In den alten Zeiten wurde der Trauer Zeit gelassen, sie gehörte allen und wurde durch schwarze Kleider, Trauerflor und andere Traditionen markiert. Heute verstecken wir unsere Trauer und versuchen, sie zu bezwingen, statt sie uns zu gestatten. Kindern wird gesagt, sie sollten tapfer sein und nicht weinen.

Toril mußte ihre abgebrochene und eingeschlossene Trauerarbeit wieder aufnehmen. Während einer kurzen Behandlungsperiode konnte sie über alles sprechen und erlebte gefühlsmäßig die Zeit, als ihr Vater und ihre Großmutter starben, noch einmal. Dadurch konnten die Kräfte, die sie gebraucht hatte, um ihre Trauer einzuschließen, freigesetzt werden. Erst dann konnte sie sich um die aktuellen Probleme kümmern.

Aber Toril hatte nur wenig Übung darin, ihre Entscheidungen auch in die Tat umzusetzen. Sie mußte lernen, eine energischere Mutter zu werden und die Arbeit zu Hause anders zu verteilen. Das brauchte Zeit.

Sie mußte auch verinnerlichen, daß sie als Erwachsene Rechte hatte. Sie hatte sich von ihren Kindern und deren Bedürfnissen lenken lassen. Die ganze Familie mußte eine Familientherapie machen, um neue Wege der Zusammenarbeit zu finden, durch die Mutter *und* Kinder zu Hause ihren Platz erhielten.

Die Familie brauchte weiterhin finanzielle Unterstützung. Aber nun konnte Toril auf eine andere Weise agieren und einen Haushaltsplan einhalten. Sie fing wieder an zu arbeiten. Aber sie brauchte auch Unterstützung, um ihren Kindern bei der Lösung ihrer Probleme zu helfen. Sie brauchten fachliche Hilfe in der Schule, und sie mußten andere Lebensweisen lernen, in ihrer Szene und zu Hause.

52 Auch ein Umzug bringt Trauer mit sich

Ich bekam einen Brief von einem jungen Mädchen, das schrieb, sie fühlte sich einsam in ihrem neuen Leben. Sie war mit ihrer Familie aus ihrem Heimatdorf am Meer in die Großstadt gezogen. Anfangs war das spannend gewesen, aber nun merkte sie, daß sie keine wirklich guten Freundinnen finden konnte und ihr Leben kam ihr grau und tot vor. Ich antwortete ihr privat auf ihren langen Brief.

Liebe...
Es war sehr schön, Ihren Brief zu bekommen. Sie scheinen eine lebhafte und offene junge Frau mit vielen Energien und Interessen zu sein. Ich glaube, ich kann ziemlich sicher sagen, was Sie quält.

Zum einen befinden Sie sich gerade im Übergang vom Kind zur Erwachsenen. Und dann haben viele Menschen eine Phase mit sehr wechselhaften Stimmungen. Viele Jugendliche werden in dieser Zeit egozentrisch, wollen zu Hause nicht helfen und können sich nicht in die Probleme anderer hineinversetzen. Es kommt sicher daher, daß die Mädchen, die Sie kennenlernen, Ihnen im Moment nicht viel geben können. Sie sind mit sich selber beschäftigt.

Zum anderen sind Sie in eine Großstadt gezogen. Alles ist unruhiger, als Sie gewohnt sind. Es gibt weniger Fürsorge und Nähe zwischen den Menschen als an Ihrem Heimatort. Sie kommen aus einem kleinen Dorf, wo die Menschen Gegenseitigkeit lernen müssen. Sie sind daran gewöhnt, einander in Notfällen zu helfen. Außerdem sind Sie sicher dazu erzogen worden, Fürsorge für andere Menschen wichtig zu finden. Daß Sie das zu Hause gelernt haben, ist sehr schön und wird Ihnen später im Leben zu tiefen stabilen Freundschaften mit anderen Menschen verhelfen.

Aber im Moment sind Sie diejenige, die gibt, und Ihre Freundinnen nutzen Sie aus, weil Sie zuhören und Zuwendung geben.

Achten Sie darauf, daß Sie sich nicht zu sehr ausnutzen lassen. Finden Sie heraus, wann es Ihnen zuviel wird, und kümmern Sie sich nicht zuviel um andere, sonst werden Sie erschöpft.

Aber das Wichtigste an Ihrer derzeitigen Situation ist sicher, daß Sie *trauern*. Das klingt vielleicht komisch, aber es stimmt. Sie sind in einem kritischen Alter aus Ihrem Heimatort weggezogen. Gleichzeitig haben Sie Ihre engste Freundin verloren. Auch wenn Sie sicher zu Besuch in Ihr Heimatdorf fahren, sind doch mehr Bindungen zerrissen, als Sie wissen. Überlegen Sie doch, wie viele Menschen Sie neben Ihrer Familie an Ihrem Heimatort gekannt haben! Denken Sie an Nachbarn, an die Menschen im Laden und im Postamt, im Hafen, an Handwerker, Kinder, alte Frauen und Männer. Und vergessen Sie Ihre Schule nicht, die Lehrerinnen, Lehrer, Freundinnen und Freunde. Sie kannten sie und sie kannten Sie. Sie kannten Ihre Eltern, vielleicht sogar Ihre Großeltern. Denken Sie daran, wieviel Wärme und Geborgenheit das bedeutet. Denken Sie an all die netten kurzen Gespräche, von denen Ihr Alltag erfüllt war.

Vergessen Sie auch die Natur nicht, Ihren besonderen Lieblingsbaum zum Beispiel. Das Licht, das durch Ihr Zimmerfenster fiel. Das Haus, in dem Sie gewohnt haben. Die besondere Blautönung der See im zeitigen Frühling. Die Linien in der Landschaft, die Farben in der Natur.

Denken Sie auch an die unausgesprochene Sprache zwischen Menschen, das, was alle um Sie herum verstehen, die dort wohnen, aber sonst niemand. Ja, und das ganze Flechtwerk von Geschichte, Konflikten und Freundschaften zwischen den Menschen, was die Leute gesagt und getan haben, gute Geschichten, den besonderen Sinn für Humor gerade Ihres Heimatortes. Das alles haben Sie verlassen.

»Ein Abschied ist wie ein kleiner Tod«, heißt es in vielen anderen Kulturen. *Sie trauern über Ihren Verlust.*

Anfangs haben Sie das nicht so deutlich gemerkt. Sie erlebten soviel Spannendes und Neues. Größere Freiheit, neue Menschen und größere Möglichkeiten. Auch die praktischen Probleme von Umzug, Schulwechsel usw. haben Sie sicher sehr beschäftigt.

Aber nun durchleben Sie wieder eine Trauerphase. Die Menschen reden viel zuwenig über die Trauer, die ein Umzug mit sich bringt, was es bedeutet, Wurzeln auszureißen. Sie glauben, mit mehr Geld, größerer Freiheit, mehr Menschen würde das Leben besser. Aber das muß oft mit größerer Unsicherheit, stärkerer Einsamkeit und dem Verlust des Vertrauten, Lieben, von Bekannten und Verwandten bezahlt werden. Sprechen Sie mit Ihren Eltern darüber.

Und vergessen Sie nicht, wie eingeengt Ihnen Ihr Leben im kleinen Dorf oft vorgekommen ist. Es gab sicher strenge Grenzen im Verhalten, alle wußten von allen alles. Es gab vielleicht kaum Freiraum für Leute, die etwas Neues wollten. Auf längere Sicht brauchten Sie sicher eine Begegnung mit einer größeren Welt.

Aber nun müssen Sie Trauer und Verlust an sich heranlassen, dürfen sich nicht verschließen. Nehmen Sie sich das Fotoalbum mit Bildern aus Ihrem Ferienort, sehen Sie sich die Fotos an und denken Sie an alles, was Sie dort erlebt haben und an die Menschen, die Sie kennen. Sie werden sicher Heimweh bekommen und vielleicht weinen. Aber danach werden Sie sich offener und lebendiger fühlen.

Die Trauer zu sich lassen bedeutet, Licht und Finsternis, Trauer und Freude im Gemüt so wogen lassen wie in der Natur selber. Die Musik in Ihnen wird farbenfroher werden, Ihre Lebensfreude größer. Sie werden mutiger und lebenslustiger. Wer die Trauer aussperrt, sperrt den Reichtum aus dem Leben aus. Die verdrängte Trauer wird im weiteren Leben eine Mauer darstellen und die Begegnung mit neuen Menschen behindern.

Weiterhin viel Glück. Ich glaube, Sie haben starke Flügel und ein warmes Herz. Sie werden ein reiches und schönes Leben finden.

Liebe Grüße, die Psychologin
(die selber oft umgezogen ist und Sie deshalb gut versteht).

53 Ich freue mich wieder über das Leben

Ich erhielt einen Brief, der einen ganz besonderen Eindruck auf mich machte. Ich wurde daran erinnert, wie eng Licht und Finsternis zusammenhängen.

Liebe Psychologin!
Sie haben einmal geschrieben, daß eine Scheidung auch Trauer bringt. Das kann ich nur unterschreiben.

Ich lebe seit einem Jahr getrennt. Die Trennung kam ganz überraschend für mich. Ich hatte acht Monate im Krankenhaus gelegen und durfte übers Wochenende nach Hause, als ich mit dieser Situation konfrontiert wurde. Was sollte ich sagen? Das Ganze kommt mir vor wie ein Traum, und an diesem Samstag war ich zum letztenmal in meinem Zuhause.

Bei der Trennung konnte ich es mir finanziell und gesundheitlich nicht leisten, das Haus zu behalten, ich hatte gerade genug Geld für eine Wohnung. Aber mir war alles genommen, was Sicherheit gibt — Mann, Familie, Nachbarschaft, Bekannte. Aus gesundheitlichen Gründen war ich nicht im Stande, mich um die Kinder zu kümmern, aber zum Glück ist mein Mann verantwortungsbewußt — um sie mache ich mir also keine Sorgen.

Kann sich jemand vorstellen, was mit einem Menschen geschehen kann, dessen ganzes Leben innerhalb weniger Sekunden auf den Kopf gestellt wird? Meine Krankheit flammte voll auf, und ich wurde in ein anderes Krankenhaus verlegt.

Mein Mann besuchte mich, es war letztes Jahr im Mai. Damals habe ich ihn zum letztenmal gesehen. Diese Begegnung wird mir immer in Erinnerung bleiben. Mein ganzes Wesen schrie nach einer kleinen Liebkosung. Wir waren 24 Jahre zusammen gewesen, wir hatten alles geteilt. Nun standen wir da und ich dachte, ich bin das doch nicht, die das hier erlebt. Meine Nerven schienen auf der Haut zu liegen. So friedlich und ruhig, wie unsere Ehe gewesen war, so friedlich verlief auch unser Abschied. Aber als er ging, dachte ich an die Worte des Dichters Tor Jonsson: »Am nächsten bist du, wenn du fort bist – etwas geht fort, wenn du nah bist...« Ich ertappte mich dabei, wie ich innerlich

sagte: »Ich hasse dich.« Niemals vorher oder nachher habe ich so etwas gesagt oder gedacht.

Im Krankenhaus kam ich in Kontakt mit einer Psychologin. Drei Monate lang konnte ich dreimal pro Woche meine Trauer durchleben. Ich konnte weinen, ich konnte die Dinge benennen. Daran, daß das von sehr positiver Bedeutung dafür war, wie ich jetzt, nach einem Jahr, bin, kann gar kein Zweifel bestehen.

Wunder über Wunder, die Krankheit, die mich 20 Jahre lang gequält hat, scheint aufgegeben zu haben. Das Leben ist durchaus nicht beendet, ich fange in einem anderen Landesteil ein neues Leben an. Einen Freund habe ich auch. Meine fast erwachsenen Kinder habe ich im letzten Jahr dreimal gesehen, und mit ihnen ist alles in Ordnung.

Wenn mir bei der Trennung jemand gesagt hätte, daß ich ein Jahr später hier sitzen und das Leben preisen würde, ich hätte kein Wort geglaubt.

Eins steht fest: Trauern ist ein langer, schmerzlicher Prozeß, aber wenn Sie es sich gestatten, diese Trauer auszuleben, sind Sie am Ende des Prozesses reicher als am Anfang.

Liebe Grüße, »Optimistin«.

Liebe »Optimistin«!
Sie müssen eine tolle, mutige Frau sein, wenn Sie es gewagt haben, Ihre Trauer an sich heranzulassen. Und Sie hatten das Glück, bei diesem schweren Prozeß Hilfe und Begleitung zu finden. Wenn das Leben am schmerzlichsten ist, kann es wie das Nächstliegende wirken, die Trauer einzuschließen. Viele Menschen tragen eingesperrte Trauer mit sich herum, die sie an Entfaltung und einem sinnvollen Leben hindert. Trauer kann den Kontakt zu neuen Menschen blockieren, und sie kann in körperliche Krankheiten und Schmerzen umschlagen. Vielleicht hat die Krankheit, an der sie so viele Jahre gelitten haben, gezeigt, daß mit Ihrer Ehe etwas nicht stimmte? Vielleicht gab es in Ihnen — und in Ihrem Mann — eingesperrte Sehnsüchte und Bedürfnisse, die Sie beide nicht freizusetzen wagten? Nun können Sie vielleicht beide stärker und freier leben und dadurch auch alle guten Erinnerungen und gemeinsamen Erfahrungen bewahren.

Spannungen, verdrängte Konflikte und Gefühle, an die wir

nicht zu rühren wagen, können Krankheiten verlängern, die selbstheilenden Kräfte des Körpers haben keine »Arbeitsmöglichkeit«. Krankheiten können dann chronisch und schwer zu behandeln sein. Die ärztliche Behandlung kann nicht effektiv sein, wenn unser eigener Körper nicht mithilft.

Der Prozeß, den Sie so plastisch beschrieben haben, wird »Trauerarbeit« genannt. Es ist ein Prozeß mit vielen widerstreitenden und wechselhaften Gefühlen. Bei einer Scheidung — und auch, wenn ein lieber Mensch stirbt — stellen sich oft Wut und Haß ein. Wir werden kindisch, hilflos und fühlen uns im Stich gelassen. Dann kommt das befreiende Weinen. Danach, überraschend genug, oft Munterkeit und das Leben geht weiter. Aber dann kehrt die Verzweiflung zurück. Wir kommen vielleicht in eine ruhige Phase, der Alltag beginnt. Dann folgen neue Tage voller aufgewühlter Gefühle. Im Laufe der Wochen und Monate werden die Wellen sanfter, die tiefen Wellentäler seltener und Freude und Munterkeit finden wieder einen Platz im Leben. Die Freude über das Leben kann größer sein als die durchgemachte Krise.

Licht und Finsternis, Trauer und Freude wandern Hand in Hand durchs Leben. Ich glaube, Sie werden noch düstere Tage erleben. 24 Jahre Ehe hinterlassen tiefe Spuren. Aber Sie haben die Krise überstanden und das Licht hat über die Finsternis gesiegt, Ihr Körper ist gesünder geworden.

Weiterhin viel Glück!

Liebe Grüße, die Psychologin.

54 Im Ernstfall greifen Sie zu Spiel und Phantasie

Einmal fragte ich meine Leserinnen, wie wir unsere Lebenslust erhalten. So antwortete Turid, die mir einen langen Brief schrieb, den ich etwas gekürzt habe:

Ich bin eine invalide Hausfrau Mitte 40. Ich bin immer krank gewesen, aber meistens kann ich die komischen Seiten im Leben sehen und lache leicht. Ich lache nur über mich, nie über andere. Sogar, wenn ich im Krankenhaus liege und es Probleme gibt, kann ich mitten im ganzen Elend das Komische sehen. Ich stelle mir vor, ich spielte in einem witzigen Film mit und versuche, mich von außen zu sehen.

Ein anderer Trick, um meinen Mut nicht zu verlieren, ist, an etwas anderes zu denken und etwas zu planen. Aber es muß etwas sein, das sich ausführen läßt.

In den letzten 15 Jahren habe ich viel im Rollstuhl gesessen, aber zum Glück habe ich meine Arme bewegen können. Ich versuche, immer etwas Neues zu lernen, und es ist unglaublich, was wir erreichen können, wenn wir es nur wollen.

Vor zwei Jahren lag ich, von Schmerzen gelähmt, im Bett. Ehe ich bettlägerig wurde, hatte ich meiner Tochter eine Geburtstagsparty versprochen. Das Versprechen wollte ich halten und setzte mir als Ziel, an diesem Tag im Rollstuhl zu sitzen und das Fest für sie zu veranstalten. Ich hatte viel Zeit zum Planen.

Im Bett heftete ich Kostüme, und als der Geburtstag kam, saß ich im Wohnzimmer, während 30 Kinder und 16 Erwachsene ein unvergeßliches Haremsfest erlebten. Ich war einen großen Schritt weitergekommen und einige Wochen später brauchte ich keinen Rollstuhl mehr.

Es ist sehr wichtig für mich, etwas zu schaffen, damit ich den »Beweis« habe, etwas Nützliches geleistet zu haben. Gesunden Menschen mag das wie Bagatellen vorkommen, aber wenn ich ganz unten bin, ist es unfaßbar groß. Wenn meine Kräfte minimal gewesen sind, habe ich mit einer Spule mit vier Nägeln »gesponnen«.

Mit schönem Garn und Goldfäden wird das eine prächtige Schnur, und ich kann sehen, wie schnell die Arbeit und damit mein Selbstvertrauen wachsen.

Wir dürfen nicht von vornherein aufgeben und sagen: Das schaffen wir nicht. Wenn ich meine Hände nicht bewegen kann, stelle ich in meiner Phantasie Dinge her. Ich habe im Kopf Häuser eingerichtet — bis in die kleinste Einzelheit. Habe Feste mit Menü, Tischdekoration usw. geplant. Habe Lieder gedichtet und einem Publikum, das nur in meiner Phantasie existierte, Reden gehalten.

Liebe Grüße, Turid.

Liebe Turid!
Ich habe Ihren Brief mehrmals gelesen und denke oft daran. Sie setzen das, was ich in meiner Spalte hier zu sagen versuche, in die Tat um. Indem Sie sich positive Dinge sagen und Ihre selbstkritischen Gedanken in ihre Schranken weisen, gewinnen Sie mehr Lebensmut. Sie zeigen außerdem, welche Kraft und Inspiration die Phantasie darstellt. Sie können ganz sichtlich bei sich und anderen den Lebensmut aufrechterhalten.

In uns Menschen gibt es eine seltsame Kraft. Aus ihr speisen sich Hoffnung und Lebensmut.

Es wird behauptet, alle Kinder seien Künstler und Künstlerinnen. Das stimmt nicht. Zur künstlerischen Arbeit gehören auch Handwerk und Technik. Aber in allen Kindern gibt es eine schöpferische Kraft, die wir im unermüdlichen Spiel kleiner Kinder entdecken können. Alles kann zum Spiel, alles zum Spielzeug werden. Wir sehen das auch an der übersprudelnden Freude an körperlicher Bewegung beim Spiel.

Aber auch bei Kindern kann das Spielen sterben. Kinder, die unterdrückt und bestraft werden und die unter unsicheren und konfliktreichen Bedingungen leben, können die Fähigkeit zum Spielen verlieren. Aber dazu gehört viel, denn die schöpferische Kraft von Kindern ist groß.

Wir Menschen können die Fähigkeit zu spielen verlieren. Pflicht und Moral können sie ersticken. Der nervige Alltag kann Lust und Freude zerstören, die schwere Arbeit kann von Müdigkeit gelähmt werden. Krankheit kann passiv machen, Schmerz das positive Lebenserlebnis töten.

Aber die schöpferische Kraft ist irgendwo vorhanden und kann durch die Phantasie geweckt werden.

Ihr Beispiel kann uns lehren, unsere Phantasie in schweren Momenten aktiver anzuwenden.

Sie schreiben auch über Zusammenspiel und erzählen, daß Ihr Mann ebenfalls sehr krank gewesen ist. Sie deuteten an, daß Sie ihn in ihr Spiel einbeziehen. Ich glaube, Sie sind in der glücklichen Lage, von positiven Kräften umgeben zu sein, von Kräften, die Ihnen helfen, Lebensfreude und Lebenslust zu entfalten. Nicht alle haben dieses Glück.

Aber das wichtigste ist dennoch, daß Ihr Lebensfunken selber so stark ist. Er springt auf andere über und bringt sie zum Mitspielen.

Ich denke oft an Fußball, wenn es um Zusammenspiel geht. Beim Fußball müssen wir zusammenspielen, um etwas zu erreichen. Ebenso wichtig sind Herausforderung und Widerstand durch die gegnerische Elf. Kraft und Phantasie, Spiel und Energie werden mobilisiert.

In anderen Situationen im Leben spielen wir leider nicht immer so gut zusammen. Wir töten die Ideen der anderen durch Zweifel und Kritik, wir nehmen den Ball nicht auf und geben ihn nicht weiter, sondern lassen ihn liegen und beklagen uns, weil nichts geschieht. Wir kontrollieren einander, statt einander zu helfen.

Wir sollten alle von Ihnen lernen. Lernen, die Phantasie zu benutzen und die Finsternis ins Licht zu kehren.

Liebe Grüße, die Psychologin.

55 Nachwort

Andere zu beraten wird von vielen Therapeutinnen und Therapeuten als zweifelhaft betrachtet, weil es einen aktiven Eingriff in das Leben eines anderen Menschen bedeutet. Außerdem fällt es vielen Menschen so schwer, einen Rat anzunehmen, daß sie ihn nicht befolgen oder etwas unternehmen, damit der Rat nicht wirkt. Andererseits befinden sich heute viele Menschen in einer so unsicheren und verwirrten Lebenssituation und haben soviele Probleme, daß sie selber einfach keinen Ausweg finden können. Sie brauchen aktive, konkrete Hilfe. Deshalb können greifbare Ratschläge und praktische Hilfen wichtig sein.

Viele, die mir schreiben, haben schon fachliche Hilfe gesucht, glauben sie jedoch nicht gefunden zu haben. Vielleicht sind sie nicht in der Lage, die angebotene Hilfe anzunehmen. Ich schließe nicht aus der Kritik an anderen Fachleuten, daß diese Fachleute unfähig sind. Aber ich glaube, daß viele Fachleute, in Psychologie und Psychiatrie, zu abwartend und zurückhaltend arbeiten und daß *sie sich davor fürchten, menschliche Offenheit und persönliche Erfahrung zu vermitteln.* Das hängt mit unserer Ausbildung zusammen, aber auch damit, daß so viele von uns einen so verschlossenen Lebensstil haben.

Ich glaube, viele Frauen, die Hilfe suchen, brauchen eine offenherzigere, persönlichere und freimütigere Behandlung. Wir müssen *bei* unseren Klientinnen sein, müssen zeigen, daß auch wir mit dem Leben zu kämpfen haben. Das ist die praktische Alltagssolidarität, die Menschen brauchen.

Wir haben genug zurückhaltende, freundliche, nachsichtige Autoritätsfiguren wie Eltern, Lehrer, Ärztinnen und Arbeitgeber erlebt. Deshalb habe ich in meiner Spalte und in meinen Briefen an meine Leserin die Rolle der *Reisekameradin* im Leben gewählt.

Rein fachlich liegt mein Hintergrund in der psychodynamischen Individualtherapie, die von der freudianischen Tradition stark geprägt ist. Ich habe mich bemüht, die Rolle, die diese Behandlungsform zu einseitig festschreibt, abzulegen. Es hat mir deshalb große Freude gemacht, die kreativen Therapieformen kennenzulernen. Gestalttherapie, Bildtherapie, Körpertherapie und Psychodrama haben mir für meine Arbeit neues Werkzeug und größere Freiheit gegeben.

Auch das jahrelange Training als Spieltherapeutin für Kinder hat mich die Bedeutung von Spiel und Humor bei der Behandlung gelehrt. Deshalb verwende ich in meiner psychologischen Arbeit auch Elemente aus Spiel und Phantasie, greife auf Märchen und Symbole zurück.

Der systemtheoretische Griff, die Arbeit daran, das Leben als Ganzheit, als Zusammenspiel und Prozeß zu verstehen, als Tanz, bei dem alle mitverantwortlich sind und nicht irgendwer allein an den Problemen schuld ist, stellt eine ganzheitliche Sicht her, die den Rahmen meiner Arbeit bildet.

Hauptberuflich bin ich Informations- und Ausbildungsleiterin im Gesundheitsamt von Oslo. Was Gesundheit ist, wie die Gesundheit von Umgebung, Arbeitsplatz und Lebensstil beeinflußt wird, ist ebenfalls eine wichtige Perspektive in meiner Arbeit als Psychologin.

Frauen nehmen zu wenig Rücksicht auf sich, hören zu selten auf ihren Körper, räumen sich zu wenig Platz in ihrem eigenen Leben ein. Das führt zu gesundheitlichen Problemen wie Müdigkeit, Muskelschmerzen, Depressionen und Schlaflosigkeit. In vielen Briefen wird über solche körperlichen Symptome geklagt und nur wenige bringen sie damit in Verbindung, daß Frauen oft doppelt arbeiten und sich dabei kaputtmachen.

Meine Spezialausbildung als Körpertherapeutin und mein jahrelanger Kontakt mit der Alternativszene haben mir eine ganzheitliche Lebensauffassung vermittelt. Menschlich hat mir das große Freude gemacht. Es hat mich offener und lebensfroher gemacht und mir größere Fähigkeiten im Brückenbauen und mehr Respekt für Menschen gegeben, die anders als ich denken und arbeiten.

In meiner Illustriertenspalte und in meinen Briefen empfehle ich den Frauen deshalb, in vielen Richtungen Kontakt zu suchen. Ich empfehle Pastor und Gemeinde, Naturmedizin, Friedensbewegung und den Hausfrauenverein, die Anti-Atombewegung und die Gemeindeschwester des Heimatortes. Ich fordere meine Leserinnen auf, alte Freundinnen und Verwandte aufzusuchen.

Viele klagen über den Mangel an Zusammenspiel und Kontakt.

Ich versuche, ihnen beizubringen, wie sie sich vortasten, zerrissene Netzwerke flicken und in der Gemeinde oder im politischen Leben (zum Beispiel) mehr Sinn und die Möglichkeit zu Freundschaft und Hilfe finden können. Ich empfehle in jeder Lage Briefeschreiben und Telefongespräche. Und ich teile mein eigenes Leben.

Die Popularisierung von Fachwissen ist nicht leicht. Es ist ein Wagnis, eine Illustriertenspalte zu haben, aber ich bin schon seit über 20 Jahren Lehrerin, Therapeutin und Autorin. Ich habe mich immer an die Versuch-macht-klug-Methode gehalten, und unterwegs habe ich von Freundinnen, Kolleginnen, Klientinnen, Schülerinnen und von Leserinnen im ganzen Land gelernt.

Es fehlt mir oft, mein fachliches Sprachwerkzeug anwenden zu können, meine theoretischen Modelle und Fachausdrücke, aber da muß ich mich fügen. Ich muß so schreiben, wie ich mit meinen Freundinnen rede, nicht, wie ich es als Psychologin gelernt habe, und werde dadurch zu ständiger Auseinandersetzung mit der einfachen, lebendigen Alltagssprache gezwungen.

Die Briefe, die ich bekomme, sind zumeist problemorientiert. Meine erste Aufgabe besteht daher darin, nach Hoffnungsschimmern zu suchen. Oft kann ich sie »zwischen den Zeilen« entdecken, oder in der Schilderung der allgemeinen Lebensumstände. Auch kann der sprachliche oder inhaltliche Stil des Briefes Gefühlsreichtum, Empfänglichkeit, die Fähigkeit, Gedanken und Gefühle in Worte zu fassen, Einfühlungsvermögen und Sprachgefühl zeigen.

Ich lege darauf Gewicht, ein positiveres Bild zurückzugeben. Danach versuche ich eine positive Neudefinition, das heißt, ich versuche, die Schwierigkeiten zum Ausgangspunkt für die Veränderung zu machen.

Als Psychotherapeutin habe ich viel mit krisentherapeutischem Ausgangspunkt gearbeitet. Deshalb ist es für mich nur natürlich, auf die damit zusammenhängenden Techniken zurückzugreifen.

Es ist mir wichtig, daß die Briefschreiberin Zusammenhänge und Muster sieht, die ihr vorher nicht bewußt waren. Oder ich versuche, einen »chirurgischen Schnitt« in ihrer Selbstauffassung vorzunehmen, damit Selbstmitleid und Passivität zurückweichen müssen. Ich vertraue auf die Kontaktfähigkeit der Schreibenden, und bin deshalb direkt, offenherzig und wenig vorsichtig. Aber ich versuche gleichzeitig, liebevoll zu sein, wie eine tatkräftige Reisekameradin, die sich nicht vor scharfer Lauge scheut.

Wenn ich schwere psychische Symptome entdecke, zum Beispiel umfassende Angst, verweise ich an Fachleute und gehe behutsam vor. Dann versuche ich einen Weg zu finden, die Probleme so darzustellen, daß sich Hilfe finden läßt.

Ich lege Gewicht darauf, ein systemtheoretisches Bild zu geben, wenn die Briefschreiberin über Mann, Kinder oder Eltern klagt. Zusammenspiel ist ein Begriff, den ich oft verwende. Und ich versuche, auf die sprachliche »Kultur« des Briefes zu hören, oder festzustellen, wo der Brief abgesandt worden ist, damit ich in einen musikalischen Tonfall fallen oder Wörter und Symbole anwenden kann, die vielleicht vertraut klingen.

Es kann wichtig sein, neue Ideen und Herangehensweisen zu vermitteln, die sich nicht zu sehr von Kultur und Denkweise der Briefschreiberin unterscheiden dürfen.

Ich lege immer Gewicht darauf, zu zeigen, wer ich bin, eigene Lebenserfahrungen zu berichten und mich nicht allwissend und selbstzufrieden zu geben. Wir Menschen müssen eine solidarische Lebenssicht und einen kollektiveren Lebensstil entwickeln, wenn die Gesellschaft nicht restlos aus den Fugen gehen soll. Ich versuche, mein Wertesystem und meine Lebensauffassung offen und deutlich zu zeigen.

Ich bekomme viele lebendige, offene und persönliche Briefe. Daraus schließe ich, daß meine Leserinnen Vertrauen zu mir haben.

Oft denke ich an meine Lehrer und Lehrerinnen und diejenigen, die mir in der Therapie selber geholfen haben. Denn das, was ich schreibe, sauge ich mir nicht nur aus den eigenen Fingern!

Berit Waal

Knaur

Gesund bleiben

(7927)

(7914)

(7920)

(7783)

(7875)

(7846)

Knaur

Starke Seiten für Frauen

(3151)

(3277)

(3291)

(3123)

(2997)

(3143)

Knaur

Benoîte Groult

(8020)

Foto: Isolde Ohlbaum

(8063)

(8064)

(2997)

Bei Droemer Knaur als gebundene Ausgabe der Bestseller von Benoîte Groult:

Salz auf unserer Haut.